JN411363

사람, 사랑
행복 방정식

김숙자 시집

오늘의문학사

사람, 사랑
행복 방정식

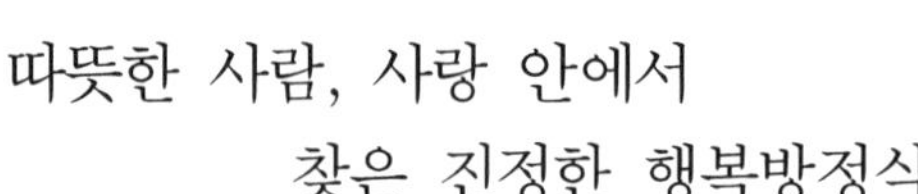

따뜻한 사람, 사랑 안에서 찾은 진정한 행복방정식

그토록 지구를 뜨겁게 달구어내던 자연의 용광로도 계절 앞에선 그 위용을 떨구고, 이제 들녘은 온통 소슬 바람과 푸른 알곡 농익히는 열정의 노래로 넘쳐납니다.

이처럼 생은 거스를 수 없는 순환이요, 끝없는 도전의 연속입니다. 더불어 우리가 함께 건너야 할 숙명의 강이자 희망의 징검다리입니다. 한번 뿐인 내 인생의 무대 위에서 각자가 간직한 행복의 무더기를 아름답게 펼치며 삶을 공유하는 모든 이들에게 행복의 세레나데가 되어야 합니다.

행복은 결코 눈앞의 수치나 좌표로 그려지는 그래프가 아닙니다.

행복이란 공통분모를 '무엇'에 두고 '어떻게' 푸느냐에 달려있습니다. 우리의 영원한 화두 '사람, 사랑'의 공통분모 안에선 저마다 행복지수가 급상승하고, '나눔'이라는 공배수 안에선 행복 지수가 기하급수적으로 늘어납니다. 행복 방정식은 절대 공식만으로 풀어지지 않습니다.

욕심이라는 허영에 찬 과분수를 '사랑 나눔'의 진분수로 바꾸고, 자신을 낮음으로 인수분해하여 무한대로 봉사할 때, 비로소 행복의 저울은 웃으며 작동을 허락합니다. 진정한 행복이란 내 자신을 결 고운 사랑의 체에 곱게 걸러 정성의 베보자기로 꼬옥 짜서 거를 때 진정한 의미의 향기로운 행복을 만납니다.

이처럼 우리의 삶에서 사람 사랑의 향기가 물씬 풍기는 삶을 공유하기 위해서는 따스한 배려로 사람, 사랑의 정신을 먼저 실천에 옮길 때 비로소 저마다의 가슴에 뿌듯하게 채워지는 행복과 만날 수 있습니다.

우리 모두 함께 살아가는 아름다운 세상에서 진정한 의미의 행복이 무엇인지 통찰해 보고, 그 소소한 행복의 잔치 마당에 함께 동참하기를 간절히 소망합니다.

2012. 10.

연무 청림별궁에서 저자 김숙자

∥ 차례 ∥

하나 열정, 그 행복의 미학

둘 자연, 행복의 뜨락

셋 사랑, 행복 발전소

넷 인연, 행복의 동행

다섯 사유, 그리고 행복방정식

여섯 비움, 그리고 채우는 행복

일곱 추억, 행복의 앨범(중남미편)

하나

열정, 그 행복의 미학

아름다운 에너지

내 가슴을 통통 뛰게 했다.
새롭게 거듭나
위대한 열기 펄펄 넘쳐나라고

세상을 힘차게 지탱하게 했다.
콸콸 솟아오르는
뜨거운 원동력으로

아름다운 세상을 이끌어냈다.
재충전의 멋진 활력
삶의 에너지로 승화시키려고

살맛나는 세상을 꿈꾸어 왔다.
거듭난 도전의 힘
사람 사랑하며 행복 깃발
높이 쳐들라고.

향기로운 영혼의 그릇

눈만 뜨면 삶의 그릇
우무질처럼 흐들거리고
날만 새면 우리들 모습
사이버 세상을 넘나드는데
행복을 다듬는 감성의 손길
더욱 다채로워야 한다.

우리 큰 힘 없어도
누구 앞에서든 당당하고
우리 가진 것 많잖아도
가슴 한자락 떳떳한 것은
물질만능의 이기심보다
행복지수 높이는 진실된 사랑이라.

이제
다변화의 홍수 속에서
사람 사랑의 마음은
따사로움으로 거듭나야 한다.
버림과 취함의 반복 속에서
많은 고뇌와 삭힘질이 동반되어야 한다.

작은 밀알 하나
썩은 거름 속에서

더 빛 푸르듯
행복한 미래를 가꾸는 우리 손길은
따뜻한 감성과 사랑으로
황폐한 이들의 가슴 다독여야 한다.

지금보다 더 뜨겁게
바로 세우고
바로 잡고
바로 품어
향기 가득한 영혼의 그릇
더욱 행복하게 가꿔야 한다.

올림픽 소묘

그날
가슴과 가슴들이 요동쳤다.

열망의 눈빛들이
하늘을 찔렀다.

응집된 에너지가
광장을 달구었다.

뜨거운 함성이
세계의 장벽을 넘었다.

혼신의 메아리
런던을 에워싸던 날

찬란한 신화를 창조해 낸
멋진 영혼의 갈채여

어우름의 미학

함께 있음에 더불어 새로워질 나날
가슴 속 새로토닌을 끌어올리자
작은 이슬방울 하나 굴러
눈부신 세상 창조해 내듯
사랑의 눈길 마주치면
환희의 세상 거듭난다.

백짓장도 맞들면 낫고
슬픔도 나누면 반이 되는 세상
우리 어우렁 더우렁
얼켜설켜 서로를 비우면
진정 어우러진 아름다움
가슴마다 출렁인다

마주치는 그 자리마다
웃음 가득 사랑 가득
더도 말고 덜도 말고
서로 복돋는 마음
함께 달래고 함께 어우르는 곳에
찬란한 희망이 고인다.

종소리

마음 다 비우고
편안히 돌던 교정 한 바퀴
어느 것 하나 눈에 안 담긴 게 없다.
얼굴은 편안히 웃고 있지만
펑펑 쏟아져 나올 것 같은
뜨거운 눈물

아픈 마음 들킬까봐 억지웃음도 짓고
두근거린 마음 꼭 억누르니
눈가가 벌벌 떨었다.
영원하리란 생각은 안 했지만
다가온 이별은 마냥 슬픔을 동반한다.
최선을 다 하고도 더 남은 건 무언가

아이들의 웃음소리가 그리워진다.
교정의 차인벨 소리도 귀에 쟁쟁하다.
멀리 있지만 하루가 궁금하다
오래 머물렀던 만큼
지겹고 넌더리도 날 텐데
아직도 나는 종소리가 그립다.

불굴의 의지

언제부터였을까
꼭꼭 동여맨 언 가슴 속
차디찬 묵정밭에
남몰래 싹 트고 만
뜨거운 사랑의 불꽃

온갖 비바람 풍랑
맨살로 막아내며
비실거리다 말 거라고
눈길조차 거부했건만
열정 품은 콩알 사다리 하늘을 훔쳤다.

부여잡을 버팀목 하나 없는
빈 허공에 발을 딛고
몸부림치던 날 몇 날이고
번개 낙뢰 맞으며 가슴 떨던
모진 밤 몇 날이었던가

시련의 세월 소용돌이치던
절망의 빈 하늘가에
고달팠던 인고의 세월
점점이 내 영혼 속 꽃술로 박혀
숙고의 신비 더욱 붉게 하늘 우러르더라.

석류나무

— 박사학위를 자축하며

아리따운 가임기를 훨 지나버린
용감한 석류나무 한 그루
깡마른 체구에 잦은 폐경기 증후군
화끈화끈 달아오르다 으스스 춥고
여드름처럼 톡톡 치솟는 붉은 열꽃
회춘을 했는지 혼돈이 온다.

그저 그러려니 하고 체념했지만
심연의 정점에 쏘아올린 열념의 화살 촉
심지 굳은 만학도 자궁에 박히고 말았다
다섯 해 동안 까물어칠 듯 끈질긴 산고로
수많은 나날 선홍빛 코피를 쏟아내더니
다이아몬드보다 더 눈부신 옥동자를 낳았다.

그날이 오면

— 참나리 피는 날을 그리며

햇볕 뜨거운 여름
설레는 칠월
붉고 고운 네 뺨에
소리없이 피어나는 그리움

네가 기대어 울던 가녀린 가슴팍에도
시가 피어나고
노래가 피어나고
사랑도 톡톡 터질게다.

하늘로 띄운 졸업장

구태여 말하지 않아도
당신은 아실 겁니다.
한 구절 한 구절 읽지 않아도
당신은 더 가슴 아플 겁니다.
말로는 끝나지 않았던 세월의 숙제를
지금껏 짐으로 안고 사셨을 당신
오늘은 부디 눈물을 거두셔야 합니다.
아니 눈물대신 뜨거운 술잔을 받으셔야 합니다.

내게 단 한 가지도 마음의 짐이 없었던들
무엇이 아쉬워 열심히 살았겠습니까
내게 부족함을 안겨주지 않았던들
자신을 위한 뜨거운 불꽃을
피어 올리지 못했을 겁니다.

사랑하는 아버지
오늘 당신께 넘치도록 술 한잔 붓고 싶습니다.
지금껏 원망의 화살이
누구보다 아프게 박혀 있을
당신의 쓰린 가슴에
기쁨의 눈물을 가득 채우고 싶습니다.

다시는 당신을 원망하지 않겠습니다.
다시는 당신 가슴에 대못을 박지 않겠습니다.
진심어린 눈물로 올리는 이 졸업장을
당신과 나의 화해의 잔으로 받아주세요.
당신이 채워주지 못한 그 공백의 잔에
오늘 넘치도록 사랑의 순배를 붓고 싶습니다.

희망봉

자욱한 안개 너머로
아스라이 가물거리는
살가운 속살 하나
보이지 않는 그걸 향해
오르고 또 오른 험준한 준령
보여줄 듯 말 듯 약을 올리며
쉽사리 올 하나 풀지 않은
기고만장한 희망의 날개옷

지쳐서 포기하겠다고
원망의 화살을 날리고
요지부동 옹고집에도
눈 하나 꿈쩍하지 않았다
오만과 허욕을 벗어던지고
진실로 낮게 엎드릴 때
바로 내 안에서 활짝 웃고 있었다.
바로 이거였어
버림으로써 찾는 것
낮춤으로써 얻는 것
내 안에서 숨은 듯 빛나는 것

업

사람 사랑 정신이 앞서야 한다.
즐거운 아우성이어야 한다.
열정적 에너지로 넘쳐나야 한다.
껴안고 함께 갈 수 있어야 한다.
헌신의 텃밭이어야 한다.
장인정신이 뛰따라야 한다.

고뇌와 땀이 스며야 한다.
소중한 삶이 배어있어야 한다.
남을 위한 배려가 먼저여야 한다.
숭고한 가치가 묻어나야 한다.
보람과 성공이 뒤따라야 한다.

성공의 리허설

성공은 연습의 결승선이다
준비 없는 공연 갈채가 있을 수 없고
연습 없는 경기는 패할 수밖에 없듯
아픔 없는 성공은 금메달이 아니다.

골 깊은 언덕이 더 푸르고
된서리에 감 더 붉듯
피땀 얼룩진 고통의 땅 위에
찬란한 약속의 꽃이 핀다.

성공이란
아픔의 리허설 위에 핀 꽃이다.
눈물 젖은 시련의 강 건너지 못한 사공은
찬란한 성공의 땅을 밟을 수 없다

행복 보험

생애 행복설계 받아보실래요
내 인생에 비가 내릴 때
두 어깨 포근히 감쌀
사랑의 우산이 되어주고
네 인생에 재난이 닥칠 때
그 어떤 위험에도 끄덕없을
탄탄한 사랑의 둥우리
내 생애 행복 설계 말이에요.

생애 행복보장 해 두실래요
그 누구도 피해 갈 수 없는
긴 인생의 고통과 아픔
누구도 대신할 수 없는
내 인생의 무대 위에서
처진 어깨 다독이며 위로가 되는
든든한 삶의 지팡이
내 생애 행복한 웃음 보장 말이에요.

열정의 뜨락 위에 핀 꽃

열정의 온도는 성공의 엔진
욕망의 불에 불씨를 당기는 일은
눈앞에 비전을 보는 일이다.
성공의 강을 건너기 위한 욕망은
뱃사공의 불타는 에너지원이다.

열정은 내 안에 신을 두는 일
잠든 잠재력을 발휘시키는 원동력
끊임없는 도전도 열정에서 나온다.
실패를 두려워하지 않는 용기는
위대한 성공의 예약석이다.

땀은 거짓말 할 줄 모른다.
자신의 일에 최선을 다할 때
성공이란 이름표가 땀을 닦아준다.
땀과 눈물이 얼룩진 열정의 뜨락 위에서만
찬란한 보람의 꽃이 활짝 핀다.

둘

자연, 행복의 뜨락

섬진강 연가

부드러운 달빛 소리없이 보듬고
유유히 감아흐르는 섬진강
그 물줄기 당신 한번쯤 눈여겨 보았는가

구름모자 춤사위로 하늘 골짜기 돌고 돌며
소쩍새 울음 안고 설운 밤 지키는 청계동
그 푸른 강폭 당신 한번 펼쳐보았는가

달빛 고운 저녁 어스름
은비늘 툭툭 털며 고뇌 가득찬
은어의 몸부림 당신은 보았는가

눈물겹도록 고운 은하수 깔아놓고
님 오실 날 기다리던 심청
연분홍 치마에 당신 안겨 보았는가

고향산천 소리없이 베고 누워
눈감고도 투망 던져 고기 잡으시는
아버지 목소리 가슴에 담겼는가

진달래 흐드러지게 피던 내 고향 나룻물
천리 꽃길 이룬 철교 밑 나룻배 저어
꽃길 가득 내 영혼 어루만지누나.

어머니

당신은 그리움입니다
눈물입니다
포근함입니다
오월의 하늘입니다

지고지순하신 당신
이리도 눈부시게 아름다운 날은
그리움의 꽃물결이
무리 지어 몰려옵니다.

없는 길 만드시며
기나긴 고난의 강
의연히 건너온 당신

이렇게 눈부신 오월
초록빛 새 옷 입고
순결한 꽃과 향기로움으로 당신은
평화의 밤바다에
자애의 꽃수를 놓습니다.

다섯 남매 기르시며
까아만 숯덩이 가슴 부둥켜안고
남몰래 견뎌온 구순의 세월

눈물 마른 고난의 가지끝마다
눈부신 환희의 새싹 앉히신 당신
꽃댕기 곱게 흘러내린 오월에
못다 드린 장밋빛 사랑
조건없이 바치오니
부디 받아주소서.

이제
당신의 하늘은
평화가 되고
당신의 바다는
사랑이 되어
서로 얼싸안고 춤을 춥니다.

당신의 사랑과 흠모로
새록새록 깊어가는 이 밤
당신의 품 속에선
밤새 달디단 꽃별이
함께 숨을 쉽니다.

나룻몰의 오후

쪽빛 치마 좌악 풀어놓고
속살로 유유히 흐르는 섬진강
그 강기슭 철교 밑에서
설렌 기적소리에 꿈이 크고
사랑을 알았던 나룻몰
작은 공골 구멍 사이로
넓은 강 끌어안으며
투망 던져 풍류를 낚으시던
아버지 목소리 귓전에 머문다.

금잔디 마당가에
윷놀이 소리 드높은 나룻몰 584번지
선친의 나이를 다 먹고
홀연히 찾아와도
어릿광대 받아주던 내 사랑의 모태
다갈색 목기에 몫몫 담아주던
큰엄마 소담한 부꾸미처럼
보고픔이 부푸는 오후
앞마당 늘어진 모과나무에
그리움이 주렁주렁 매달려 있다.

쑥개떡

소리개가 날다 지친 봉정 산골짝
유월 산딸기 소리없이 익히려고
밤새 산이슬로 살았다.

푸른 머위 우산 칭칭 둘러쓰고
앞산 뒷산 뻐꾸기 울음에
푸른 노랫가락 훔쳤지.

산이 좋아 무등 타고
물이 좋아 송사리떼랑
산 메아리로 에워쌌지.

달 밝은 밤 계곡에 발 담그고
노랫가락 꼭꼭 짓이겨
손톱 밑 쑥빛 가슴에도 들였지.

청계동 계곡

쪽빛 고운 물감
소리없이 쏟아붓고
간지러운 물보라에
그리움 서리는 곳

가는 돌 허리 휘감고
속살 내비치며
요염을 토하는
섬진강 등줄기

멋드러진 강자락 반석들
진노을에 튀어오른 은어
반가움에 몸을 털고

맨발 찰랑거리던
수줍던 내 유년
청계동 골짜기 울리는
설렌 기적 소리로 다가온다.

당신의 존재

함께 있다는 것만으로도
함께 숨쉬고 있다는 것만으로도
너무 좋고 행복한 당신은 누구입니까
너무 좋아서
한없이 잠기고 싶은 그 평온의 바다
자태는 아직 그대로인데
한없이 뒤처지는 소리 없는 발걸음
심장이 터질 듯 몰아친 거센 숨소리
어찌 예전 같지 않네요.
생의 고갯마루 혼자 거닐며
가파르고 옹이진 그루터기
어찌 어려움이 그뿐이었겠습니까
어찌 뒤처짐이 그뿐이었겠습니까
가깝게 다가오는 소리 없는 이별이
지금껏 느껴보지 못한 묘한 간격이
배려 못한 뼈저린 후회가
이 봄 한없이 민감합니다.
앙상한 무릎 꿇고 올린 절절한 기도
뼈마디까지 아파옴은 웬일일까요.
영혼까지 스며듦은 웬일일까요.

내 고향 사계

눈감으면 사르르
칠보빛으로 다가와
연연한 내 가슴 저미는
수채화 네 폭

봄이면 분홍빛 눈웃음
뻐꾸기 울음으로
동학의 품에 안겨
산자락 굽어보는 정다운 형제봉
지금도 어머니 젖가슴
달디단 내음으로 살아 숨쉬고

여름이면 매미 소리 어우러진
도림사 벚나무 오리 숲
발가벗은 계곡의 반석들
그 요염한 굽이굽이
부서지는 하이얀 포말 사이로
정강이 담그고 신선이 된다.

가을이면 지리산 능선 따라
흐드러진 꽃단풍 고운 자태
섬진강 푸른 강폭에 얼비치면
노을빛에 튀어오른 은빛 은어

반가움에 몸을 털고

겨울이면 눈덮인 청계동
살얼음에 투망 던져
풍류를 낚으시던
아버지 목소리,
언 강변을 타고 돌아
금곡교 스치는
바람소리로 다가온다.

눈물로 올리는 사죄

아버지,
다섯 자식 키워보지도 못한 내가
어떻게 부모 마음을 안다고
시시때때 아픈 가슴 후벼팠을까요.
그때 그 상황 속에 선 당신 입장
아무 이해도 배려도 못했으면서
그토록 당신 염장에 불만 질렀을까요
그때 그 결정이 최선이었다면
지금쯤 아린 생채기 아물 때도 되었건만
내 가슴에 꽁꽁 박혀버린 학문의 한
이제야 풀었네요.

아버지,
오늘은 원망 대신 눈물로 사죄하러 왔어요.
그 옹졸한 응어리가 너무나 깊숙이 박혔네요
내가 아버지 나이를 먹고 이렇게 찾아와
당신 앞에 꿇어앉고 보니
그땐 그럴 수밖에 없었다는 말
묵묵히 듣고 계실 뿐 말이 없으신 당신 앞에서
이제 다시 원망의 바늘로 가슴 후비지 않을게요.

아버지,
환갑이 넘은 둘째 딸이
오랜 세월 쉬엄쉬엄 이 길 달려와
이제야 당신 앞에
박사학위증을 바칩니다.
장하다고 칭찬을 해주실까요
못내 미안해서 우실까요
그 동안 원망으로 문드러져 까맣게 타버렸을 당신 가슴
이제 다시 원망의 화살 쏘지 않을게요.
아버지 미안해요. 사랑해요. 그리고 감사해요.

문전옥답

고향이 달려오고
반가운 목소리가 달려오고
써레질 하던 누렁소가 걸어오면
모내기 새참으로 푸짐하던 논두렁

동네 어귀부터 퍼져오는 헛기침 소리
농부들 어깨마저 으쓱거렸던 노랫가락
바라만 보아도 저절로 배가 불렀던
내 고향 문전옥답

논산평야 연무 들녘에
아스라이 펼쳐진 초록 융단
청림별궁 마루 자락 너머로
최참판댁 토지가 재현됐다.

호남 고속도로 달려가는 차량행렬에
한참씩 젖었던 시야가 머물고
꿈에도 그리운 어머니 품으로
마음마저 달려가는 내 고향길

섬진강 강기슭에서 꿈을 키우며
바라보았던 풍요로운 고향 풍경
한땐 까마득히 잊고 산 문전옥답
연무 뜨락에 황금 열기로 가득찼다.

아후골 연가

— 어머니

선잠으로 긴 새벽 밀어내고
얼굴 골주름 조금씩 붉어 올 때면
정갈한 옷매무새 자꾸만 매만지며
지친 황소보다 느릿한 걸음으로
홍산 장으로 향하시던 당신
찬거리보다 먼저 손에 쥐신 건
힘줄보다 더 거친 태모시 한 단

잠 안 오는 밤마다
흐릿한 전등불 아래서
당신은 머릿결보다 더 곱게
세모시 쪼개느라
없는 이 대신 똑똑 미는 쪽 도마 소리
반쯤 열어둔 들창문으로
누굴 기다리신 걸까

해마다 앞마당에 그리움 가득
수선화는 잊지 않고 피는데
마른 무릎 위에 비벼 둔 모시올
차곡차곡 곱게곱게 삼아두고
이 휘항한 봄
어디로 마실 가셨을까

고향집

내가 자란
고향 집 뜨락엔
아직도 내 목소리가
여기저기에 숨어 있고,

어머니께 응석떨던
내 어리광이
모과나무에
수줍게 걸려 있다.

금잔디 마당가
별 헤며 부르던 노랫소리도
고향 집엔
아직도 그 목소리로 남아 있고

저녁이면
평상 위에서
어머니 팔베개 베고 듣던
정다운 얘깃 소리

봄이면
수선화로
샛노랗게 웃고

가을이면
석류로
빠알갛게 벌어져
어머니 나이를
다 먹고 찾아와도

내 고향 집에
고스란히 남아 있다.

북촌리 연가 1

산모퉁이 옹기종기 꽃구름 모여 놀고
별밤 빼곡히 겨드랑 간질인 대숲소리
눈물 젖은 달빛 노래 아후골에 넘쳐라

애환 서린 논둑마다 돌미나리 돋아나면
낮달보다 더 수줍은 미소로
조랑조랑 등꽃 매달던 북촌리

어머니 허리 휘던 콩밭두렁 사부곡
날 저무는 밭고랑에 찰랑거리고
이랑에 함께 놀던 방아개비 겅중대면

고즈넉한 산촌엔 물안개 피어오르고
토란 잎 우산 함께 쓰던 정겨운 골목길에
깊은 부활로 내일이 꿈틀거린다.

북촌리 연가 2

소쩍새 울음 장단 삼아
느린 걸음발로 밭고랑 갈아엎던
서글픈 황소울음 서산에 걸리고
연필 달랑거리던 책보따리
논배미에서 잠들던 내 고향

끼니때마다 자식 뱃고래 채우려
채전 밭 푸짐한 푸성귀 무침에
밥 대신 삶아주던 누우런 물고구마
따슨 입김 질질 흘리며 사랑 앓던
가난해도 행복했던 내 유년이여

죽나무 새순 고운 양념 옷 입고
양지바른 바지랑대에 널리고
쑥버무리 개떡 사랑으로 버무려
머위 쌈 한 움큼에 행복이 뒹굴던 마당가
눈감아도 단내 퐁퐁 나는 북촌리

달빛 조으는 창가에서
하얀 모시올 비비는 어머니 곁에
어릿광대 부리던 날 그리워라 그리워라.
지금도 부실 듯 찬란한 그 섬섬옥수
양지바른 뒷동산에 곱게 어려 있네.

분꽃 피우는 마음

시간을 들려주는
자명종 없이도
분꽃 피어나는 모습으로
때를 맞추셨던 어머니

해마다 그리움으로
앞마당에
분꽃을 피우신다.

쌀뜨물 한 사발
그냥 쏟지 못하시던
알뜰한 손끝에서
소리없는 그리움으로
피어나는 분꽃

저녁 연기
모락모락 피어날 쯤엔
샘가에 앉아
새색시처럼
볼그레 웃는다.

얼굴 곱게 바를
분 하나 없었어도

분꽃보다 더 고우신
어머니

달빛 쏟아지는 밤엔
하얀 무릎 위에
모시 올 비비며
수줍던 시절 떠올리시고

자식 위해 사윈 평생
주고도 더 주고 싶은 정
거미줄 뽑아내듯
꾸러미 꾸러미 몫 지어

지금은 대문 앞에서
자식 올 날 손꼽으며
뜰안 가득 그리움으로
분꽃을 피우신다.

하늘로 가는 사진

— 고들빼기 꽃

찰칵 찰칵

봄바람도 앉히고
보드라운 미소도 담고
노란 스카프 자락 휘날리며
눌러댄 봄 사진기

쉴새없이 눌러댔지만
도무지 맘에 든 게 없다.
얼굴에 덕지덕지 주근깨는 어쩌고
골 깊이 패인 주름살은 어쩐담

요것들 봐라
예전에 내가 누군데
외씨버선에 보기드문 내 에스라인
남원 골 오 춘향 벌써 잊었더냐

솜씨 맵씨 다 내놓아도
양귀비 부럽잖았는데
누가 내 진품 명품
다 퍼간 거야.

어느 만큼일까

촉수 나간 전구 넣어
사랑 조각보처럼
헤진 양말 잘도 기우신 할머니

솜씨라면 누구한테도
안 째이셨는데
지금은 어느 만큼일까

엄마는 갸우뚱 하시는데
아빠는 자신만만하며
양말과 전구까지 챙기잔다.

일년 가까이 침대 위에서
식사 시간 때 채운 앞치마
귀 하나 안 틀리게 접는 걸 보면

우리 할머니 바느질 솜씨
지금은 어느 만큼인지
자꾸만 자꾸만 궁금하다.

서대전역

가슴이 뛴다.
설레임이 달린다.
뭐라 말할 순 없어도
그리움 알알이 박힌
석류 빛 사랑이 탄다

눈물로
애잔함으로
뭉클한 정 쏟아내며
마냥 파묻혀 울고 싶은
설운 가슴이여

이 나이쯤에 당신을

— 어머니

외로움 온통 나만 안고 사는 줄 알았는데
어린 손자 품에 안고 새우잠으로 날 밝히신
당신의 밤이 그토록 길고 모진 줄
당신 나이를 먹고서야 알겠네요.

새벽 안개 걷어가며 출근길 앞다툴 때
세상의 고통 나만 짊어진 줄 알았는데
어린 것 등에 업고 고무신 벗겨진 줄도 모른 채
빈 젖 물리며 하루종일 애태우던 당신

통근차에 몸을 싣고 지쳐오는 날 위해
애들과 씨름하며 김치까지 담그신 날은
손이 저려 저녁도 못 드시는 당신을
이 나이 먹고 손주 보며 새삼 솟구치네요.

팔순에 홀로서기로 고집을 피우시던 당신
혼자 살다가도 자식에게 돌아올 시기
모시올 친구삼아 추억을 비비러 가신 당신
나도 당신 나이쯤 그 세월 그렇게 태우겠지요.

판문점의 가을

손에 잡힐 듯 가까운 두 마을
정든 눈앞에 펼쳐놓고
숨소리마저 크게 내뱉지 못한
괴정동 기정동 마을이여
높다란 국기들만 키 싸움 하는지
가을바람에 풀이 죽었구나.

수십 년 흘러가버린 세월 앞에
하나도 변함없는 휴전선 모습
올 가을 단풍은 유난히 붉건만
통일의 불씨는 타오를 줄 모르네.
언제쯤 굳게 닫힌 이념의 벽
사랑으로 활짝 열릴 수 있을까

슬퍼서 더 고운 휴전선 단풍아,
말 못하고 멍이 들어 피를 토하느냐
붉은 옷 입은 무당벌레도
모조리 땅바닥에 엎드려
감시보다 죽음이 나은지
핏빛 토하며 밟혀 있구나.

셋

사랑, 행복 발전소

컵밥

삶이 지치고 허기질 때
따스한 물 한 잔이 필요하고.
하루가 고달퍼 심신이 외로울 땐
위로 섞인 말 한 마디가 필요하다.

진종일 격려 한마디 없는 황량한 광야에서
찬바람 휘몰아치는 폭풍우 맞아가며
개척의 구슬땀으로 온몸 젖어 돌아온
외롭고 쓸쓸한 영혼의 청량제

여기 맛김 솔솔 나는 일터
내 어머니 애환 서린 정제에서
반찬 없는 밥이지만
정으로 사랑으로 듬뿍 퍼준 컵밥

하루의 시름이 녹아들고
쌓였던 피로가 눈 녹듯 사그라지는
정겨운 내 어머니 사랑 고스란히 담긴
고맙고 따스한 사랑의 맘 컵밥

빛과 소금

— 꽃동네를 다녀와서

아홉 개를 앞에 놓고도
열을 채우려는 우리들
온전한 하나가 아니어도
없는 하나마저 내주려는
아름다운 정신이 사는 곳
없음이 부끄러움이 아니라
가진 것이 부끄럽고
행하지 못함이 부끄러운 곳
내가 가짐보다
모자란 곳을 채워주며
더 낮은 자를 배려하는 곳
서지도 앉지도 못하고
혼자서는 아무것도 행하지 못하는 배상 시인
그래도 말로 사랑을 전하고
감사함을 시로 노래하며
'나는 행복합니다'를 온몸으로 말하는
시인의 맑은 영혼 앞에서
빛과 소금으로 사는 법이
무엇인지를 알았습니다.

파라니* 인디오촌에서

우거진 밀림이 하늘마저 가렸다
때 묻지 않은 태초의 인간
예 살게 하셨으니
다시 본 현대판 아담과 이브

문명의 이기 앞에
더욱 더 작아지지만
행복의 공통분모 속엔
누구 지수가 더 높을까

정글 속 행복 보금자리
오염 없는 파라니 노래여
자연과 어울려 사는 법
우리보다 먼저 알아냈다.

나무 꺾어 감자 굽고
살맛내고 사는 세상
순수의 행복 그림자
인디오촌에 더 가득하다.

*파라니 : 파라과이 정글 속 인디오촌에 살고 있는 인디오들

님 마중 가던 날

어떠할까나 어떠할까나
널 보면 어떠할까나

우주 헤치고 나온 개선 장군
히말라야 정복한 멋진 산악인
신비로 가득찬 진품명품

감격일 거다
환희일 거다
사랑일 거다

혼자는 외로워 돌이니
함께여서 좋아라
함께여서 더 기뻐라

눈이 부셔도 좋다
가슴이 터져도 좋다

나 오늘 행복 보너스 타러 가는 날
보고픈 내 님 마중 가는 날

함께 왔다네

살랑살랑 가을바람 예쁜 귓불 건드리며
하늘 맑은 도화지에 기쁜 소식 전해 와요
설레는 내 맘 콩콩 꽃방석에 깔아놓고
알콩달콩 고운 사연 꽃구름에 실려오네.

혼자는 외로워 둘이니 손잡으면 더 좋겠다
나폴나폴 춤추는 꽃나비 한 쌍일까
가을하늘 물들이는 무지개 한 쌍일까
어여쁜 꼬까신 신으려고 둘이서 함께 왔다네.

알록달록 가을 단풍 예쁜 얼굴 물들이며
하늘 고운 도화지에 기쁜 편지 적어 와요
떨리는 내 맘 통통 색동옷 지어놓고
나폴나폴 춤을 추는 단풍잎에 실려 오네.

혼자는 외로워 둘이니 어깨동무 더 좋겠다
사뿐사뿐 춤추는 꽃나비 한 쌍일까
가을하늘 수놓는 무지개 한 쌍일까
어여쁜 꼬까옷 입으려고 둘이서 함께 왔다네.

사랑의 도가니

누가 먼저랄 게 없이
반가움에 몸을 떨고
소리 없는 포옹과
아낌없는 눈웃음으로
하루를 감싸며 연다.
눈빛에 걸려있는 사랑의 메시지
온종일 읽어도 싫증이 안 난다.

보고만 있어도
마냥 설레는 이 마음
나는 사랑에 폭 빠졌나봐.
왜 이리 달콤할까.
왜 이리 향긋할까
날마다 송두리째 다가가
으스러지도록 포옹하고 싶은 사랑둥이들

하루만 못 봐도
눈에 삼삼하고
안고만 있어도
가슴 벌렁거리는
나를 정신 못 차리게 휘감고 만
너희, 사랑의 도가니는
도대체 몇 도나 되니.

행복을 매다는 방울토마토

가족들과 날마다 키재기 하면
아가들보다 더 작았던 난쟁이
어느 날 내가 안 쳐다 본 사이
우리 키를 훌쩍 넘겨버렸다.

나무젓가락을 꽂아주다가
아빠 잣대로 감아주다가
지금은 거꾸로 천정에서
예쁜 리본 줄을 매주어도
키 크기를 멈추지 않는 키다리

노오란 꽃을 내놓고
아빠 젖꼭지 만한 방울을 매달더니
둥이들 노래소리 발레를 보고
빨간 웃음방울을 매달아 주네.
날마다 신이 난 우리 가족
사랑으로 더 행복한 방울토마토

숨바꼭질

인형놀이 하다
퍼즐 맞추다
미끄럼을 타다가
갑자기 모습을 감춘 아정이
한참 후 변신한 투명인간

거실 뒤쪽 얇은 커튼 속에
제 모습 비친 줄 모르고
아정이 없지 하며 찾아보란다.
얇은 커튼으로 칭칭 몸 감는다고
비추인 모습 안 보일까

못 찾겠다 꾀꼬리
못 찾겠다 아정이
도대체 어디 간 거야.
애탄 목소리 듣고 더 신바람 난
투명인간의 숨바꼭질.

제비꽃

교실 뒤켠에서
늘 웅크리고 앉은 키 작은 아이
외로울까봐 책상 곁에 앉혔다.
물도 나누어 먹고,
우유도 나누어 주고
사랑도 나눠 준 것 같은데

항시 얼굴빛이 파리한 너
걷기만 해도 숨이 차고
달리기 시간엔 가슴을 움켜쥔다.
할머니도 애가 타서
공부시간에 문 드르륵 열며
손톱 까만 흙손으로 냉이봉지 내밀었나.

올봄 유난히 빛이 고운 날
지은인 지금 무엇을 할까
키는 더 컸을까.
나이도 더 먹었는데
선천성기형이라는 심장은
오늘도 잘 뛰고 있겠지.

행복 발전소

눈에 넣어도 아프지 않을
귀여운 손주 병아리들
예쁜 부리로 세상 관심 쪼으며
고물고물 놀며 헤치던 사랑우리
순식간에 차려놓은 만물상

그림만 보고 쫑알쫑알 들려 준 행복 동화
사차원 세계 그럴싸히 그려놓은 행복 화첩
없는 것 없이 가득찬 행복 샵
돈 없이도 공짜로 행복을 충전해 준다.

종일 핑크 공주들이 터트린 행복 향기
바라만 봐도 행복이 퐁퐁 솟는다
요렇게 많은 행복이 어디서 뿜어져 나올까
함께만 있어도 가슴이 터질 것 같다.

첫 젓가락질

눈에 보이는 맘마 바다
까짓것 모두가 내것이다.
두려움 없이 내던진 첫 미끼
야무지게 던져졌지만
다 움켜잡고 싶은 호기심 천국
어찌 만만치가 않다.

서툰 낚싯대가 다가가면 갈수록
날 피해 자꾸만 도망가고 뒤집히고
약만 잔뜩 올리며
미운 미꾸라지 새끼처럼
요리 빠지고 조리 빠지고
쥐뿔도 잡히는 게 없다.

하도 약이 올라
다 휘저어버리고 싶지만
속이 환히 보인 황금어장에서
피라미 한 마리 못 낚아서야
언제 초년병 딱지 떨어질까

발레리나를 꿈꾸며

— 쌍둥이 손녀들

파라곤엔 지금 밤낮이 없다.
힐토의 구분도 모르는
앙징스런 꿈몽오리들이
토신만 신으면 저절로 발레를 시작한다.
포지션만으로도 이미 만점이다.
시도 때도 없이 명상곡만 흐르면 돌고 도는
씽어 발레리나들

분홍 꽃잎 발레복에 연분홍 리본
복사꽃 살구꽃이 집안에 만개했다.
하마 낙화도 될 법한데
꿈의 무대를 향한 끝없는 질주
앙코르 공연에 몰입한 사랑의 뚜엣
독무가 아닌 매력 만점 앙상블로
관객을 행복의 도가니에 빠뜨려버린
사랑의 발레리나들

낙엽 그네

바람이 아이들을 나오라고
톡톡 나뭇잎을 떨쳐보낸다.
심심했던지 예쁜 낙엽 친구들이
아이들 곁으로 쪼르르 몰려와
함께 타자며 아양을 떤다.

호란이는 벚꽃 낙엽을 태우고
아정이는 은행잎을 태우며
서툰 발굴림으로 가을 그네를 탄다.
세상에서 가장 행복한 모습으로
하늘의 낙엽처럼 날고 있다.

가을 바람이 시샘을 부리는지
쌔앵 나뭇잎을 저멀리 데리고 가버린다.
바람이 데려간 낙엽을 뒤따라간 아이들
가을과 뒤섞여 놀고 있다.
가슴 가득 가을을 태우고 있다.

사랑을 굴리는 자전거

봄밭 민들레 얼굴 위로
분홍빛 하트가 쏟아져 내린다.
환한 입술 위에 그려지는
즐거운 아가들의 음표
봄비도 신이 나서 콧노래를 부른다.

첫발걸음 뒤뚱거리던
쬐꼬만 두 발이
핑크빛 자전거 위로 옮겨져
호기심 반 두려움 반으로
조심스럽게 지구를 돌린다.

젖먹던 힘까지 으샤으샤
앞뒤로 돌려보지만
쉽사리 말을 들어주지 않는 작은 우주
알록달록 비누방울 호 불어가며
앙징스런 사랑을 굴리고 있다.

아이야, 함께 가자

엄마가 얼른 일어서라고 호들갑을 떨어도
아빠가 빨리 걸으라고 응원을 해도
아이야, 누구 편에도 서지 말아라.
아무리 빠른 걸음으로 걷는다해도
뒷사람 기다려줘야 하지 않겠니

언니가 위만 보며 걸으라고 다그치고
오빠는 멀리 보며 가라고 맞장구를 쳐도
아이야, 누구 편에도 서지 말아라.
아무리 혼자서 열심히 간다해도
더 늦게 오는 친구와 함께 가야지.

높은 꿈만 좇아 너 혼자 달리면
너무 외롭잖아.
아이야, 행복은 가까이에 있어
높은 곳만 쳐다보며 걷다보면
앉은뱅이 꽃이 안 보이잖아.

너 혼자서 모든 걸 독차지하면
친구는 어쩌지
아이야, 우리 작은 것도 함께 나누자.
나눌수록 커지는 행복은 꼬리를 물고 찾아온단다.

앵두 익던 날

꽃나비 날갯짓이 바빠졌다.
꿀벌이 우왕좌왕 겁에 질렸다.
거미의 금줄이 두터워졌다.

참새가 새끼들 불러 오려나
까치가 친구들 몰고 오려나
비비새가 온동네 방송하려나

이러면 안 되는데
이러면 낭팬데
세상에 태어나 처음 해보는 수확

빨간 앵두 입술 뾰족이 내밀며
매일매일 쪼그리고 앉아있는
쌍둥이 손녀들

요놈 언제 익나 눈독 들이고 있다.
잘 익은 앵두 세고 있다.
요염한 뒤뜰 리틀 엔젤스

딸에게 띄우는 사랑 노래

눈에 넣어도 안 아프고
가진 것 다 주어도
아깝지 않은 내 딸아
둥개 방개 어르던 시절
엊그제 같더니만
아빠 손 꼭 잡고 떨고 있구나
하이얀 면사포 속 수줍은 새신부
오, 고와라 눈부셔라

보석으로 반짝이려함보다
따스한 가슴이 더 빛나는 너
두 눈 다 감기도록 웃음 던져주고
희망으로 벙글 내 딸아
받은 사랑 곱절 곱하고 나누어
세상에 사랑 향기 뿌리거라

이렇게만 살아라

위로부터 아래로
순리 거스름 없이
평온한 강굽이 느슨히 돌며
불평 없는 물처럼
그렇게 살려므나

높은 비상 꿈꾸는 새도
낮은 출발부터 시도한다
작은 소리가 큰 소리 이기는 법
낮게 더 낮게
엎드릴 줄도 알아라

하나 더하기 하나
더 큰 하나 되는 길
잘남 못남 탓하지 말고
세상에 꼭 필요한
빛과 소금 되려므나

작은 하나가
아름다움의 초석이다
너무 큰 걸 꿈꾸지 마라
빛이 찬란할수록
어둠이 더 짙더구나

새 애기

— 사랑하는 우리 남희

너는 사랑의 돛배이다.
혼자선 힘겨운 생의 바다 위를
꿈타래 청사초롱 앞세우고
작은 소망의 돛 펄럭이며
떨림 반 설렘 반
희망의 고동소리와 함께 왔구나.

너는 사랑초다
둘이서 함께 보듬고 건너온
세월의 강
수많은 인내와 눈물이 엉킨
무지갯빛 사랑의 켜켜 위로
눈부신 진주로 박혀 있구나.

너는 참나리다.
청아한 창공 위에
사랑의 동아줄 꼬아놓고
숱한 연민의 세월
하루도 멈출 수 없는
줄기찬 사랑의 세레나데를 불러라.
이젠 황홀한 입맞춤의 연속이다.

넷

인연, 행복의 동행

별보다 더 아름다운 별

— 준호 아빠를 그리며

하늘의 별이 아름답다 해도
이보다 더할 순 없다.
나라 사랑하는 마음이 높다 해도
이보다 더할 순 없다.
형제간의 정이 두텁다 해도
이보다 더할 순 없다.

불의와 야욕이 들끓는 세파 속에서
한 치도 무릎 꿇지 않는 사람
길 아닌 길 걷지 않고
비리와 아부에 굴하지 않는 정신
속 잘 비워낸 대나무보다 곧아라
피를 나누지 않았어도 피보다 더 진한 사람이여

그 이름 훌륭한 군인이노라
세상에 이토록 아름다운 군인은 없더라
흔들리는 국방 위상 바로 잡고
내 한 몸 기꺼이 별이 될 나라사랑 수호신
자나 깨나 앉으나 서나 군인 정신으로
깨끗한 국방 바로 세우는
당신은 아름다운 별 중의 별
세상에서 가장 아름다운 별

아름다운 동행

요람 속에서
사랑의 단내가 난다
할머니 손자 사랑
가식 없는 인륜의 힘
입으로 깨물어 불어주고
받아먹고 좋아하고
하늘 아래 아름다운 풍경
이리도 샘난 찰떡 궁합
어디 또 있을까.

할머니 아기 되어
손자와 앉았다.
받았던 사랑 곱으로 얹어
먹여주고 닦아주고
굶주린 사랑의 대화
꽃 속의 벌나비다.
반칙 없는 순리의 법칙
아름다운 공생
함께하는 동행의 길

초록마을

새하얀 보선발로
소양강 맴돌던 아지랑이
반짝이는 은비늘 툭툭 털며
달려 나온 님 마중

오랜 침묵의 강
고즈넉이 돌아 나와
오마지 않던 님의 품에
곰취 향으로 감길 때

기다림 농익은 초록마을엔
푸른 강빛 얼싸안고
그리움도 녹아라
서러움도 녹아라

갯마을에서 띄우는 노래

갯내음 폴폴거리며
파고드는 갯바람
아기파도 따라서
갯가로 놀러 나온다.

조가비 속에서 장난 걸던
쬐꼬만 빤장게
귀염떠느라
방방거리고

개펄 속에서 숨바꼭질 하던
얼룩 바지락
조갯돌 떠들며
얼굴 쪼옥 내밀면

심심한 파도
갯바위에 엉켜붙은
굴뻑
간질이고

낮잠 자던
바윗돌 깨워
물 한모금
나누어주면

끼룩끼룩 갈매기
그을린 모래 위에
금빛 노래
뿌려준다.

유니베라

— 신호철 사장님을 생각하며

침묵의 돌 하나
나무 한 그루에도
소중한 마음을 심었다.

자연의 마음 하늘의 마음
섬김 나눔의 철학 고이 간직한
초자연의 선물 알로에

큰 나무가 큰 그늘 키우듯
선한 사람들이 빚어내는 자연 친화적 삶
세상에 진정한 빛과 소금이어라.

땅 위에 별을 심는 마음으로
인류의 천연적 삶에 진정한 멘토
천혜의 아름다움 고스란히 간직한 유니베라

갯마을

비릿한 갯내음으로 하루가 열리고
갈매기 노랫소리 갯가에 널리는 곳

아버지 통통배
예쁜 파도 위를
쉴새없이 땀 실어 나르고,

할머니 부지런한 조새
바쁘게 희망을 찍어낸다.

빈손 쥐고 나가도
가슴 가득 채워오는 바다이야기

개펄 깊숙이 박힌
조개들의 숨은 이야기
조심조심 캐내며
땅거미 지면
아기게들 불러 모아
뻘 속에 다독다독 잠재운다.

소양강 연가

— 초록마을 엄현옥 동생을 그리며

새벽 안개 촉촉이 걷어내며
육중한 어깨 맞대고
도란거리는 강자락
홍건히 젖어있는 미소 속에
흐느끼며 살아온 세월만큼
강폭에 찰싹 늘어붙은 네 상흔

돌이킬 수 없는 회한은
소양강 구석구석 파문되어 일렁이고
정배 가득 부딪친 술잔 위로
고즈넉이 얼비친 네 초상이여
애잔하리만치 젖은 속눈썹
눈웃음 속에 더 구슬프구나.

숨죽이고 살아온 향수의 물결
님의 몸 이곳저곳을 강타하고
더 이상 아파하지 못해 미칠 듯 튀어올랐다
나 이제 널 다시 품을 수 있으리
기꺼이 다가가 살가운 물보라로 살리라
청평 계곡에 신명난 소나기 퍼부으리라.

북새통

— 조경자 사장님을 생각하며

은행나무 맞닿은 북촌리 어귀
떡방앗간 볏가마 위에서
참새떼가 호들갑을 떨며
친구들을 불러낸 날
순식간에 문전성시를 이룬 헛간처럼

유천동 먹자골목에서
시장기 어린 동네사람들이 모여
맛김어린 동태찌개 앞에 놓고
이야기 절반 안주 절반으로
발디딜 틈 없이 몰려드는 북새통

밤새내 붉은 악마들
대한민국 외치며 응원하는
열정에 찬 박수소리처럼
매일매일 그렇게 북새통이어라.

보또랑

— 김금단 사장님을 생각하며

너른 길 다 놓아두고
하필 이 길 택했을까
큰 평수 다 마다하고
왜 쪽방 고집했을까

넓은 바다 휘저으면 거칠 것 없는데
고작 보 터진 개울일까
시냇물 맘껏 휘저으며 멱 감을 수 있는데
왜 작은 봇도랑일까

한 방울 물 바위를 뚫고
한 모금 물 생명을 살리고
한 바가지 물 자연을 키우고
천수답 해갈시키는 봇도랑

물장구 첨벙거려도
흙탕물 뒤집어써도
함께 속삭일 수 있어 좋아
함께 부대끼며 웃을 수 있어 좋아

황토마루

— 정선영씨를 생각하며

태초의 신비 오롯이 간직한
살아있는 자연의 참맛
얄팍한 재간 부리지 않은
진솔한 마음의 발로

맨발 황톳땅이 전부였던 시절
집안의 부정 몰아내려고
장독대에 정화수 떠올리며 기원하던
내 어머니의 간절한 염원

빈 사립문 기대어놓고
가족 돌아올 시간 고대하며
황토 화롯불 잉그락에서
보글보글 정으로 끓는 어머니의 장맛

해강에서

옹이진 가슴팍 위로
그리움 밀어내고
보드란 억새 춤사위에
설레는 마음 마구 흔드는
정겨운 달이 뜬다

잔잔한 수면 위에
님 그림자 곱게 드리운 밤
찰랑찰랑 넘치는 술잔 위로
보고픔 맘껏 채워
오늘밤일랑 강자락에
내 사랑 뜨겁게 띄워 볼까나

하구둑에서

— 서천 이성진 소장님을 생각하며

억새 서걱이는 밤바다에
초연히 달 내려놓고
하루의 시름
어깨 위로 내리는 저녁

바다와 강을 사이에 끼고
말없는 눈빛으로
서로를 갈망하던
뜨거운 연인이 만났다

한 순배 술잔에 인생을 붓고
모든 시름 벗어놓고 어리는 해강
해걸음에 땅거미 꼭 부여잡고
살며시 익어가는 밤

너와 내가 있어
우리 되는 해강
눈 먼 그리움 갯벌에 묻어두고
쌓인 회포 마음껏 풀다 가소

그 겨울 소양강 스케치

꿈결처럼 아스라이
그리움만 남겨두고
못 잊어 되돌아보는
쪽빛 소양강

시리고 아린 가슴속에
서리서리 이는 바람
허공을 난무하는 눈발은
속절없이 수채화만 그린다.

통통통 일렁이는 파도
우는 속마음 들킨 걸까
조심조심 잠재워 둔
그리움 이는 쾌룡호 뱃전

두 손 꼭 포갠 채
목메임으로 부르는 사모곡
고즈넉한 태백 등줄기 울린
우렁찬 '충성' 소리

굽이굽이 소양강 돌며
언 가슴 파고드는

그리움의 연가련가.
겨울 소야곡인가

가슴 속에 고이 재운 정
차마 흐르지 못한 모자의 강
언제쯤 추억의 노래로
함께 부를 수 있을까

꽃피는 봄 소양강
고운 아지랑이 깨워다
출렁이는 가슴 부비며
못다 한 정 쏟아 부을래.

흩뿌리는 눈발아.
내 눈물만큼의 크기로
이 강을 다 적셔도
그리움의 강물은
부풀고 또 부푼다.

고향 쌈밥

— 곽미애 사장님을 생각하며

앞마당 상추 한 움큼
뒷마당 쑥갓 한 움큼
담 없이 잘도 넘나드는
내 고향 푸짐한 인심

콩밭 열무 어우러질 때면
정자나무 그늘 밑에 바가지 비빔밥
앞뒷집 차가운 인심 속에서
향수로 더 그리운 내 고향 쌈밥

보리밥에 열무김치 싹싹 버무려
된장 고추장 푸짐하게 어우러져
너도 한 입 나도 한 입 나누는 날은

세상만사 요리조리 따지지 않고
숟가락 하나로 넉넉한 인심 소담히 비벼
정과 행복에 감칠맛 나는 고향 쌈밥

독개물항

— 제주 이수형 씨 가족을 그리며

돌, 바람
그리고 노을빛이 아름다운
제주 바닷가 애월

하늘이 맘만 먹으면
금방이라도 비를 쏟아부을 듯
무겁고 칙칙하다.

님 떠나가는 항구에서
이별이 싫어 슬피 우는
젊은 날 내 서글픈 실루엣이
남녘 바다를 품고 있는 고즈넉한
독개 물항에 오버랩 된다.

산과 들 바닷바람을
매일 품고 사는 행복한 포구 애월
비바리들의 애환이 담긴
정든 포구 독개물항
맛깔스런 제주의 속살 냄새
옥돔구이 오분자기에 가득하다.

아름다운 영혼(靈魂)의 보루(堡樓)

– 태양석재 이교회 사장님을 그리며

하늘 빛 곱게 담긴 호수를 돌아
바닷길 맞닿아 신비 여닫는 고을
뜨거운 집념 태양처럼 쏟아내며
영혼靈魂의 궤적軌跡 다듬어 가는 손길
빛나는 오케스트라
아름다운 교향곡이다.

그대 손길은
영겁永劫을 넘나드는 삶의 향기
겸허히 전해주는 타임머신
시대를 섭렵涉獵해 가며
아름다운 예술을 창조하는
향기로운 그릇이다.

그대는 가장 숭고한
인생의 숨결 매만지며
생生의 과업課業 영원히 간직할
아름다운 세상의 의미意味가 되고
살맛나는 세상을 위해
큰 획을 긋는 사령탑司令塔이다.

못내 그리울 통영의 봄빛

희뿌연 황사 너머로
꿈틀꿈틀 태동하며
봄바다 사로잡는
청파의 깃발이여

소리없는 아우성으로
가슴 밑바닥까지
적셔오는 문학혼
통영 앞바다에 가득 차고

해저터널 굽이굽이 돌아
다시 흐르는 그리움의 물결
선홍빛 동백으로
곱게도 피었구나.

울부짖는 님의 노래
이내 가슴 갈갈이 찢어
파도처럼 뒤흔드는
충무공의 애국혼

조국의 한 가득 서린
충렬사 칼바람 소리
준엄한 영정 앞에서
못내 사무칠 통영의 봄빛이여

자애(慈愛)의 뜨락에 빛난 별

— 서울 신남성초교 최복림 교장 퇴임을 축하하며

꽃구름도 숨죽이며 쉬어가는 정점에서
짙푸른 거목 한 그루 오늘에 더 빛나노니
젖은 날개 쉬어가던 아름드리 교육의 정자
신남성 뜨락에 오늘 더욱 솟습니다.

장구한 육영의 수레바퀴 속에서
활화산처럼 내뿜던 열념熱念의 세월
이제 교정 곳곳에 가없는 향기 되어
그리움의 횃불로 활활 타오릅니다.

굽이치던 사십 성상 금물결
성스러이 쌓아올린 사랑의 금자탑
교육의 뒤안길 여기저기에
눈부신 서광으로 빛나노니

그대여!
마음 졸이며 걷던 사랑의 발자욱 자욱
날개 젖어 움츠리던 피곤한 어깨
오늘엘랑 멋지게 돋우소서

그대 내딛던 열정의 텃밭에
다복다복 열망이 맺히고
그대 내밀던 자애의 손자락에
올곧은 덕망 덩그러히 앉혔노니

이만한 재산 누군들 부럽잖을까
굽이굽이 행복 조각 풀어헤치며
남은 여생餘生 더도 말고 덜도 말고
자애慈愛의 별로 의연히 빛나소서

아름다운 고운식물원

– 이주호 원장님을 그리며

고운 햇살 꽃구름이
함께 빚은 하늘 정원
잎새 고운 산자락마다
휘파람새 놀다가고
능선자락 휘감긴 꽃길
행복의 꽃수로 짜여져라.

그리운 이 어깨 맞대고
추억 빛 물들이던 나날
하많은 야생초 이야기
지천에 널렸어라.
꽃심 시심에 취해버릴
그대, 지상의 무릉도원이여.

애환 서린 숲길마다
요동치는 영혼의 고뇌
구슬땀 얼룩진 산자락마다
넘쳐나는 생명의 노래들
아름다움의 끝없는 사원
그대 고운 식물원이여!

추억 열차

열차가 달린다.
눈을 감고 앉아 있어도
어디쯤 지나고 있는지
이젠 알고도 남는다.

힘겨운 산굽이를 돌아갈 때면
모시울 혜영이 동네일 테고
간이역을 쉬지 않고 지나칠 때는
무용 잘한 전동 미영이 동네다.

사람이 많이 내린 플랫폼에는
글 잘 쓴 전의 다솜이가 사는 동네지.
눈을 감고 앉아 있어도
추억 속의 열차는 잘도 달린다.

다섯

사유, 그리고 행복방정식

그리스도의 길

주신 영혼 되돌려
당신께로 가는 길
고난의 세월 굽이굽이
되갚고 가려는가

무거운 십자가 지고
골고다 오르는 길
당신 향한 망부곡
신열로 부풀어 올라

내 몸 사위어
당신께로 가는 길
누구도 대신할 수 없는
십자가의 길

언제쯤 가파른 고갯마루
무거운 짐 내려놓고
엎드려 비온 버거운 손
고이 거둬주실까

행복 방정식

행복은 눈에 보이는 좌표가 아니다.
공통분모를 무엇으로 놓느냐이다.
사랑이란 공통분모 안에선
행복지수가 급상승하고
나눔이란 공통분모 안에선
행복지수가 기하급수로 늘어난다.

행복 방정식은 결코 수치로 풀 수 없다.
욕심이라는 가분수를
사랑의 진분수로 바꾼 다음
자신을 무한대로 내려놓고
분수 넘친 과욕을 최소값으로 놓을 때
비로소 행복 저울이 작동한다.

진정한 행복이란
비운 자신을 고운 반성의 체에 걸러
정성이란 베보자기로 꼭 짜낼 때
배려의 향 넘쳐나는 행복이
액기스로 빠져나온다.

아그라성에서

역사의 냉정한 시계바늘 앞에서
그날의 영광을 떠올리기라도 할 듯
천국의 무덤 타지마할을 남긴 채
역사의 뒤안길로 사라진 아그라
지금은
폐허로 돌아온 성곽 앞에서
모처럼 편안한 여행객으로
무굴제국의 위용을 떠올려본다.

남쪽 뉴델리의 햇살이
오늘따라 더 찬란함은
샤자한의 사연을 말하려함인가
머리카락 한올마저 끼지 못하도록
촘촘이 쌓아올린 성벽에 기대어
무삼만버즈와 왕비에 얽힌
사연에 흠뻑 취해본다.

산크리스티발 언덕 성모마리아상

어둠이 보석처럼 깔린
산크리스트발 언덕 위에
자애의 큰 별 하나 둥둥 떴다.

거친 세상 향해 두 팔 내밀고
사랑의 업보 끌어안는
천상의 모후여

하늘 나라 별 보석
몽땅 끌어와
촘촘히 수놓은 산티아고

거룩한 그 눈매에
살포시 안기는 언덕
야경에 더 빛나는 평화의 모후여

연목

굽은 언덕이 거꾸로
물구나무를 섰다
숨긴 얼굴 붉히며
내밀어 준 고운 손
코르코바도 언덕에
발가벗은 여인아

무르익은 밤도 아니건만
대낮에 펴부은 애무 세례
지나는 길손 아랑곳없이
두 몸 하나로 엉켜
천년 사랑 속삭인다.

사랑하는 내 사람아
세월이 두 사람을
갈라놓는대도
못다 한 그리움 칭칭 감아
천년 세월 아낌없이
한몸으로 살리라.

산토도밍고 성당

뜨거운 태양신을 사랑한 채
화려했던 잉카제국 위용이
아직도 살아 숨쉬는데
세계의 배꼽이고자 했던 쿠스코

잉카가 쌓은 튼튼한 초석
코리칸차 신전 터에
침략자들이 세워 놓은
콜로니얼 풍의 대성당

대지진으로 그 모습
온데간데없지만
내 시선을 사로잡고 만
말없는 성당 벽 성화 속에
면면히 흐르는 잉카의 숨결이여

* 쿠스코 : 태양신을 숭배하며 화려했던 잉카제국의 옛 수도

오 나의 성모님

보이지 않는 곳에서
소리 없이 함께 해 주시는 당신
자애로운 숨결 내게 쏟아 주셨음을
왜 이다지 늦게 알았을까

성스런 손 내밀어 곳곳에서
날 껴안아주신 당신
눈물로 당신께 다가갑니다.

그토록 오랜 세월
당신 나 버리지 않았기에
이제 둘이서 당신 손 잡았나이다.

눈물로 사죄하면 받아 주시려나
그 먼 이국땅의 발현은
당신 만나려고 나 이곳까지 왔나봐요.

오 나의 성모님
오 나의 어머님
기대어 울 나 입 맞춰 주소서.

리오의 꽃

예수님의 월계관이다.
리오의 선녀이다.
눈을 감고 있어도
세상 환히 밝혀 줄
코르코바도 등대이다.

눈길 한 번 마주치고
사랑에 빠져버린 나
죄 지은 자 내게로 오라는
소리 없는 메가폰
노오란 눈물 씻어 줄
하늘나라 선녀 꽃

레꼴레따의 무언

이름표 없이도
내 삶이 조명되며
생과 사의 길목에서
만감이 교차하는 예술 천국
산 자가 말이 없는지
사자가 말이 없는지
깊은 정적에 휩싸인 동네
시간이 지날수록 뜨거워진 침묵
수세기가 지나도
명품 되어 다시 피는
사자의 예술촌
에비타의 묘에
애정이 머무는 건
민중을 사랑했던 영혼의 거룩함이라
꽃 한 송이 놓고 가지 않아도
꽃보다 더 아름다운 영혼
불멸의 레꼴레타는
끝없이 예술의 불씨를 키우고 있다.

* 레꼴레타 : 아르헨티나의 유서 깊은 묘지로, 지위의 높고 낮음을 평가하는 최상의 고급 유택을 말함.

신이 만든 해의 피라미드

구름도 졸다 쉬어가는
널따란 사자의 길
굽어보면 볼수록
웅장한 님의 발자국

무릎 꿇고 오르는
이백 사십 여덟 계단
하늘 우러르며
님께 가까이 가는 길

돌계단 사이사이
구슬 땀 뿌려가며
당신 가까이 엎드려
영혼까지 흠모하나니

날개 접어 쉬어가는
희망봉 테오티우아칸
당신의 향기로운 속삭임
고루 품어 주소서.

달님의 신전

수줍은 듯 차가운 미소
밤마다 쏟아낸 달님의 노래
근엄한 사각 얼굴에
넘치는 사랑 쌓고 쌓았더라

돌계단 머리마다
아름다운 님의 사랑
달 따라 높이 솟아
마주보며 살고프다

인간의 염원 담아
달에게 보낸 러브레터
수취인 없이 되돌아온
안타까운 내 사랑이여

추억에 젖은 산타모니카 해변

야자수 그늘 밑에
연인들 눈빛 고와라

너른 태평양 끌어안고
애무 세례 퍼붓는 해변

파도에 휩쓸려 간
고운 모래밭

레드 카펫 없어도
저절로 빛나는 대종상

아름다운 산타모니카
너도 오늘만큼은
할리우드 여우주연상

난꽃의 반란

이렇게는 살 수 없다고
더는 못 참겠다고
급기야 밤봇짐을 쌌다.
이제 더 이상 이대로를 견디다가
비참한 쓰나미로 쓸려가 버릴 바엔
벼랑끝보다 더 아스라한
허공으로 추락할 수밖에 없다.

얼 대로 얼었고,
비바람 눈보라 다 맞아
내 몸 피까지 말려
진한 육골즙까지 짜냈는데
원전 피해까지 입으란다면
더 이상 비장의 묘향이라도 꺼내야지
그렇다고 영혼마저 무참히 팔 수는 없다.

시인의 방

하늘에 해가 솟지 않아도
시인의 방은 열려 있어야 하고
하늘에 별이 돋지 않아도
시인의 방은 생각의 창이 닫혀서는 안 된다.

개구리 울음 소리를 훔치고
귀뚜라미 귓전에 매달려서라도
밤새 생각의 뜨락을 갈아엎으며
새로운 영혼의 통로를 개간해야 한다.
달빛 샘물을 퍼올리든
별빛 노래를 훔쳐오든
빛이 없는 밤에도 고뇌해야 한다.

시인은 제 뼈를 깎아서라도
시련의 강 올곧게 건너며
희망의 노를 힘차게 젓는
진실한 사공이어야 한다.

영혼이 식어버린 시인은 죽은 시인이다.
결코 생각의 불이 꺼져서는 안 된다.
사유의 바다에서 표류하지 않도록
따뜻한 영혼의 등대가 되어야 한다.

비움으로 채워지는 향기

일상의 무게를 가늠하며 산다는 건
아직도 욕심이 존재하고 있음이다.
욕망의 늪은 끝을 보이기 싫어하지만
작은 분자를 하나씩 덜어내는 일은
결코 실失이 아니다.

비우는 일은 곧 채우는 작업
꽃 진 그 자리에 꽃대 서고
물 나간 자리만큼 공기 앉듯
비워지는 그 자리마다
행복의 향기 들어앉는다.

삶은 조금씩 잃고 비우는 일
덜어낸 만큼 성숙의 씨가 되고
모자라는 그 자리 채울 때마다
인생의 향기 넘쳐난다.

여섯

비움, 그리고 채우는 행복

유등천 스케치

유등천 돌 틈새로
제비꽃이 함박 웃음을 흘린다.
버들이 덩달아 아양을 떨며
연둣빛 손수건으로 장난을 건다.
징검다리 위를 지나던 개구진 오빠
저마다 아슬아슬 물수제비를 뜨는데
매서운 바람에도 의기양양하던 물오리
흠짓 놀라 얼떨결에 자맥질을 한다.

잔디 속에 폭 파묻혀
얼굴 밝히던 민들레
오랜만에 기지개를 켜며
힘겨루기 하자고 설레방구를 친다.
골프 공에 얻어맞고 축구공에 차여도
끄덕없는 사람 나와 보라며
노란 오리궁둥이를 쪼옥 내민다.

밤 벚꽃

이젠 다시 사랑하지 않으리
앞설 수도 되돌아갈 수도 없는
별리의 한 복판에서
두 번 다시 젖은 얼굴 보이기 싫다

덥썩 잡힌 님의 손목
옹이로 남아있는 매듭
차라리 너를 보내느니
눈물꽃으로 남고 싶다

서러워할 줄 모르는 품속에서
울어 줄 필요도 없다.
나 일찍 발길 돌리지 못한 죄
뒤늦게 알았으니

해후로 달아오르는 밤
동동 뜨는 꽃잎 되어
오늘만큼은
님의 술잔에서 홍건히 젖고 싶다

천변의 아침

워킹화 끈 불끈 졸라매고
신새벽 유등천에 나서면
발걸음 사뿐사뿐 힘이 솟는다.
푸르름으로 가득 찬 세상은 온통 나의 것
잔디는 아프다고 앙탈을 할 것 같은데
웃으며 어여 가란다.

소리 없는 물도 낮은 데로 흐르며
세상을 적시고 불평 없이 떠난다.
내 몸을 더렵혀 가면서도
더 더로운 곳 씻어 감을 잊지 않는
천변은 하나의 생명을 잉태하는
모성적 태반이다.

인간도 대자연과 합일된 하나
함께 감을 잊지 말라고
실바람이 속삭여준다.

예의가 아니로소이다

지천으로 꽃이 흐드러지는데
제 몫몫 다 하느라
게으름 하나 피우지 않은
부지런하고 아름다운 영혼을 위해
이 봄 시 한 수 던지지 않는다면
그건 그들에 대한 예의가 아니다.

숨가쁘게 달려온 눈 속의 복수초는 어떻고
그리움 앞세워 몸 먼저 내미는 목련
꽃구름 드리운 채 꽃눈 흩날려주는 밤 벚꽃
노란 병아리떼 종종 봄마중 나온 개나리
발길에 밟혀도 그냥 웃어주는 난쟁이 민들레
꽃방석에 앉으라고 깔아주는 꽃잔디
산천 가득 하얀 웃음 수놓은 싸리꽃
수줍은 웃음 산자락에 까는 진달래
오월에도 하얀 눈송이 소복소복 앉히는 이팝꽃
휘황한 꽃물결로 일렁이는 연산홍

날마다 행복과 희망을 배달하고
아무 대가도 바라지 않은 이들에게
수고의 인사 한마디 없다는 건 정말 예의가 아니다.

낮달맞이의 꿈

독차지하고 싶단다.
밤새내 송두리째 사랑하고도
아직도 사랑이 고프나보다.

보고 또 보고 있어도
더 그리운 사랑처럼
사랑에 목말라 구걸이라도 할 셈이냐

분홍빛 예쁜 그 얼굴에
잡티라도 생기면 어쩌려구
밤이나 낮이나 가슴앓이니

네가 사모한 님
너무 집착하면 어쩌니
낮엔 제발 좀 놓아줘.

사랑의 묘약

– 난꽃 피던 날

서걱서걱한 가슴 밑바닥에
은밀히 숨겨온 사랑 한 촉
요염한 눈빛으로 톡 쏘아보고
달콤한 귓속말로 유혹해 봐도
둔감해져 버린 서글픈 내 사랑
기나긴 침묵의 세월
벙어리 냉가슴 앓다
감미로운 애무도 아랑곳없이
살가운 봄날 아침
기어이 스캔들을 일으켰다.

터질 듯 농익은 그리움
차마 말로 하지 못하고
소리 소문도 못 내고
고운 눈물 뚝뚝 떨어뜨리며
기어이 향수병을 내던졌다.
아마도 생에 더 뜨거울 수 없는
마지막 영혼의 절규
온몸 휘감고 포옹해 버린
황홀한 님이여
사랑의 묘약이여

사랑의 징소리

고뇌의 삶에
머나먼 고향 소리 품고 와
잊고 살아온 열정 깨우는 밤

한인의 한 서린 울림
상파울로를 울리고
교민의 가슴 송두리째 흔들었다.

브라질 감동시킨 우리 소리
공명으로 퍼져나갈
고향 어머니 따스한 품 같은 여명

손도 떨고
목도 떨고
교민의 가슴도 떨었다

우리 소리
하나 된 소리
한인의 향기 전하는 소리

가방에 대한 소견

거리에 각양각색의 가방들이 물결을 이룬다.
저마다 빛깔과 디자인이 다르듯
가방의 크기 모양 쓰임새도 다르고
가격 또한 천차만별이다.

그런데 그걸 넘어 명품에 너무 소원한 내 태도이다.
누가 어떤 가방을 들었던 관계치 않는다.
다만 그 가방이 그에게 어떤 꿈을 주고
어떻게 쓰여지고 있나가 궁금할 따름이다.

요즘 사람들에게 가방은 한 개만이 아니다.
그 중 가장 애착이 가는 건 어떤 걸까
사람마다 자기 꿈과 빛깔이 다르듯
가방에 담긴 꿈의 용도도 다를 것이다.

수능을 코앞에 둔 수험생은 참고서로 가득하고
보험 설계사의 가방은 팜프렛과 설계서로 넘쳐나고
선생님의 가방엔 교수안과 채점표가 널부러졌을 것이다.
그러나 내 가방엔 고작 책 몇 권과 메모지와 시 나부랭이들

한순간도 명품이 아니어 부끄러운 적 없다.
비교를 해 본 일조차 없다.
오히려 책 무게로 실밥이 터져 동전이 새어나와

미안할 때가 많았지만 결코 버릴 수는 없다.

나와 더불어 호사는 고사하고
답답한 가방 안에 갇혀 함께 출렁거리고
늘 꿈에 동참해줘서 너무 소중할 뿐이다.
그래서 더불어 행복하고 고맙기 그지없다.

제비꽃

푸석푸석한 삶의 짐
그물처럼 벗어놓고
청아한 봄나비떼
무도회에 나섰다

눈부신 봄밭에 서막이 오르면
파르르 떨던 보랏빛 군무
고뇌 가득찬
마에스트로의 눈빛

녹색 은반 위에서
기염을 토하는 생의 무도회에
영혼까지 압도시킬
황홀한 카드섹션

연무천사의 밤

오래된 찰감 나무 아래
옛날 아궁이가 재현되었다.
집을 개조하며 쫓겨난 가마솥
미련 때문에 아쉬워했는데
기품엔 못 미처도
식솔 관계치 않고 통크게 사온
반짝이는 대형 양은 솥
볼품으론 대가집 풍경이다.
메주를 쑤자느니
간장을 닳이자느니
시래기 옥수수를 삶자느니
세대차를 넘어 의견이 분분하다.
시운전이 시작된 첫날 작품
사위 오면 잡아준다는
암팡진 씨암탉 두 마리
연무천사의 특별 메뉴
활활 타는 장작불이 제격이고
그리움과 추억까지 샘솟으며
푸짐하게 익어가는 장모님 닭백숙
화기애애 사랑까지 푹신 무르익는다

* 연무천사 : 연무대에 새로 개조한 집으로 아름다운 안개가 피어오르듯 좋은 글이 샘솟는 뜻을 기원하는 집.

기다림의 미학

예쁜 새싹이 나오려면
꽁꽁 언 땅에서
길고 긴 동면의 시간을
참을 수 있음이다.

매미가 한 여름을
그렇게 슬피우는 까닭은
숱한 인고의 세월 속에
고작 칠일의 삶이 주어진 때문이다.

벼이삭이 통통 여물려면
강열한 햇볕과
뿌리 촉촉이 담궈둘
모태의 힘이 있어야 함이다.

산다는 것은
긴 동면의 기간을 참아내고
인고의 세월을 꿋꿋이 이겨내고
모태의 힘으로 굳게 버팀이다.

기다림도 삶처럼
하많은 고난의 강 위를
찬란히 뒤따르는 나룻배이다.

야류에서

아픔들이 모여 신접살림을 꾸렸다.
일그러지고 할퀸 앙상한 지붕들
잃어서 더 잃을 것 없는
순응의 길 아름다워라

하늘이여
바다시여
상처로 얼룩진 화석 동네
올망졸망 발 포개어 베고
서로 얼싸안은 사랑살이

클레오파트라가 부러우랴
바다의 아름다운 난전
인내로 더욱 아름다운
돌부처들의 은밀한 신혼살이

귀뚜라미 1

아가 볼 같은
고운 저녁 놀
섬돌 밑에 잠재우고,
박꽃 웃음 새하얗게
가을 하늘에 피어나면

또르르, 또르르

댓돌 밑 창틈 새에서
정겨운 노래 소리
방문 열고 내다보니
소슬바람이 데리고 온
갈잎 편지 한 장

밤새 내
마당에서 도란거리면
그리움 알알이
가을 속에 덩그렇다.

귀뚜라미 2

늦매미
허겁지겁 떠나버린
노래 없는 빈 저녁
쓸쓸한 갈잎 단풍 하나
뜰앞에 뒹군다.

뒤뜰 지붕에 홀로 앉은
넉넉한 보름 달
귀뚜리 노래로
나오라고 손짓한다.

또르르, 또르르르.
잊었던 고향 집 엄마 목소리
아빠 기다리며 재워주던
정겨운 자장가
어느새 고향 마당으로 내달린다.

헌정

그리움의 안개 솔솔 피어오르던 봄날
내 생애 가장 멋진 선물을 받았다.
아름다운 창작 에너지
안개처럼 솟아오르라는 집
그 이름도 아름다운 연무천사

내 유년의 꿈이 꿈틀거리고
어머니 치맛자락이 펄럭이고
마당에서 끓여먹던 맛있는 팥국수
뜨락 가득 쏟아지던 별똥별이 되살아났다.

감나무 아래서 똑똑 떨어지던 감꽃
뒤뜰 가득 피어있던 정겨운 수선화
어머니 무르팍 베고 누워 별 헤던 밤이
연무 뜨락에서 다시 아롱거린다.

옥수수 수염 나폴거리며
잠자리떼 수없이 날아다니던 마당
내 꿈과 젊음이 꿈틀거렸던
사유의 뜨락을 되살려 준 집

대문 앞 문전옥답 융단처럼 펼쳐 있고
고향 가는 고속도로 지척에 걸쳐 놓고

심심한 소쩍새 친구되어 놀다가며
개구리 울음 방안 가득 찾아오는 청림별궁

내 생애 가장 아름다운 꿈을 꾸게 한 사람
내 생애 가장 아름다운 꿈을 되찾아준 사람
내 생애 받은 가장 아름다운 선물
서른 여덟 해 함께 산 그이에게서
나 오늘 멋진 추억까지 선물 받았다.

* 청림별궁 : 청림은 내 아호이다. 연무대에 새로 개축한 내 창작의 산실

플룻으로의 초대

빈 가슴 달래주며
해원을 넘나들었던
노스탈자의 손수건
흐르는 눈물 닦기에도 역부족이었다.

그리움으로 몸부림치던 애증의 세월
차마 토해내지 못한 울분
긴 한숨에 목이 쉬어
노래마저 내 곁을 떠나버렸다.

가슴에 품어온 한많은 그리움
슬픔으로 얼룩진 회한의 세월
곰삭은 누룩으로 살았더니
시가 되어 돌아왔다.

눈물도 말라버린 텅빈 가슴에
한 섞인 노래 대신
영혼을 울릴 행복한 시로
이제 피리를 불게 해줘요.

색칠공부

신랑 얼굴도 모른 채
꽃가마 타고 시집왔던 어머니
부끄러움으로 처음 칠한 분단장
밑화장 없이 분꽃씨만 찍어 발랐어도
너무도 눈부셨단다.

우는 아이 빈젖 물리고
찬물에 똥기저귀 빨아대며
덕지덕지 갈라터진 설움 위에
매운 눈물 흘리고 칠하고
쌓인 한까지 덧칠했다.

메주 속처럼 썩어 곪고
시퍼런 곰팡이까지 슬던
세월의 뒤안길에서
이제 곰삭은 누룩이 되어
아픈 세월만큼 맛 좋은
겹간장으로 인생의 맛을 색칠한다.

몸으로 쓰는 시

상실과 고독이다가
걷잡을 수 없이 휘몰아치는
숨막히는 격정
관능적 몸매 위를
줄줄 타고 흐른다.

매듭 진 둔탁한 가슴도
전율로 떨게 하는 밤
거친 열정과 스피드 위에서
넋을 잃고 만
아찔한 향연
차가운 가슴팍에도
다시 뜨거운 불이 붙어
신열로 달아오르는 밤
세상에서 가장 아름다운
몸으로 쓰는 시
탱고 탱고여

풀

보드라운 눈웃음
한큐에 반했었지
뒤돌아보는 자욱마다
오버랩되는 애증의 세월

반기는 이 없어도
줄기찬 애무 세례
허리 휘도록 북돋은 정토 위에
불붙듯 일어서는 욕정

이별 고하며 뿌리친 손등 뒤로
머쓱해져 버린 님의 얼굴
마다하며 떨친 손 부끄러워
납작 엎드린 님의 숨결

죽어도 같이 죽고
살아도 같이 살 나의 분신
내 생에 물러설 수 없는
불사조의 넋이여

내 사랑 봉동리

밥을 먹지 않아도 배가 부르는
너른 논산평야 연무 품안에
쫘악 펼쳐진 황금들판
타향도 정이 들면 고향이랬지.
봉동리와 맺은 애틋한 사랑

인생의 터닝포인트를 돌아나와
들판에 다시 서니 회춘을 한 듯
사랑의 황금물결이 뿌듯이 밀려온다.
논고랑 사이에서 샘솟는 사유의 행복
천만금을 주고도 바꿀 수 없다

새벽이면 이름 모를 새들의 속삭임
들녘을 지나치는 살가운 바람소리
풀밭에서 풍겨오는 싱그러운 행복감
마당을 돌며 흙냄새로 입맞춤 시작하는
봉동 뜨락에 색다른 연민이 감돈다.

느즈막이 나를 받아준 봉동리
행복의 꼬리를 물고 부지런히 달리는 고속도로
설농사꾼이 뿌려놓은 풋돔부 익어가는 소리
청림별궁 김 시인은 봉동 뜨락에서
날마다 행복의 시어를 줍는다.

일곱

추억, 행복의 앨범

미치도록 그리울 님이여

— 마야, 잉카를 그리며

무던히도 애태우던 속마음
미치게 보고 싶던 내 님이여
나 지금 당신 만나러 떠납니다.

멎은 듯 싫었던 내 심장
이리도 거세게 뛸 줄이야

구겼던 연민의 심지
이토록 활활 타오름을
나 이제 알았습니다.

그대 향한 그리움의 활화산
당신 향해 봇짐 싸게 했고,

천둥, 먹구름 지새운 나날
굽이굽이 이과수로 흐를레라.
내 맘 얼어붙게 한 만년설
잉카호수에 흠뻑 쏟아내리니.

달빛에도 무지개 뜨는 이과수

뽀오얀 물안개
구름 위에 걸어놓고
산다람쥐 나뭇가지에서
얼굴 내미는 저녁

조으는 달빛에도 무지개 서리는가
이과수 치마폭에
휘감는 물보라여

하늘 강 송두리째 쏟아붓고
이 한 몸 다 던져
황진이로 살리라.

켄코(QENKO)

— 미로를 찾아서

뾰족한 하늘 이고 서서
해님과 끝없는 술래잡기
잡고 잡히는 동굴 속에서
님 향해 납작 엎드린 신전

차디찬 동굴 속에서
한 세월 바꿀 내 평화여
살아 숨쉰 내 자식마저
뜨겁게 바친 당신 제단

미로 속을 헤매는 영혼
지순하게 빌고 빌어
잉카의 평화 살 수만 있다면
이 몸 미이라도 좋으리니.

* 켄코 : 잉카시대에 만든 '미로'로서 자연석으로 만든 지하 통로임.

멕시코의 밤하늘

산속 달동네까지
촘촘히 놓은 보석 꽃수
선녀가 깔아둔 별밤 꽃 전구
하늘 비단에 수놓은 천상궁궐

달님이 뿌리고 간 금 구슬에
별님이 밟고 간 은하수에
선녀가 벗어둔 날개 옷

견우 직녀 만나는 날
반짝이는 구슬 옷감
곱게 펼쳐 다리 놓자.

보석 색실 곱게 누벼
이브닝 드레스 만들면
멕시코 별밤 페스티벌
킹카는 바로 나

소깔로 광장에서

구름도 쉬어가고
인적도 쉬어가는
꼬르때스의 걸작품
성스런 성당 에워싸고
아름다운 왕궁 돌아
드넓은 하느님의 광장
그 이름 소깔로여

장대한 아즈텍 역사
오롯이 안은 채
날 보란 듯 휘날린
초대형 국기 뒤에
허무히 무너져 버린
역사의 뒤안길
관광객의 시야 너머로
원주민의 북소리 애처롭구나.

태초의 신비여

— 잉카호수에서

하늘 끝 높은 벼랑에서
신비의 몸 감싸고
굽이굽이 등 껴안아
하늘 오르는 세월

동면에 쌓인 영겁의 세월
만년설 이고 지고
그리움 삭이며
사랑 굽어본 잉카호수

태초의 신비 머금은 채
그리움 품고 달려와
잉카의 전설 간직한
오 그리운 내 여인아

인내의 화신이여

— 안데스의 선인장을 보며

타는 심장에 화살이 박히고
다리를 지탱하던 굳은 살마저
날카롭게 변해버린 매발톱

수많은 밤과 낮
번뇌로 잠 못 들더니
피보다 진한 육골즙으로

뜨거운 용광로 속을
헤매이다 헤매이다
나 이제 불사조 되었노라.

그대 파수꾼이여

— 사랑의 슈가로프산

옥탑도 아니어라
금탑도 아니어라

섬섬옥수로 놓은 수
봉우리로 솟았구나

선녀가 뿌리고 간
아름다운 은하수

설탕산에 걸어놓고
사랑으로 오르내린 보석 꽃산

빛 고운 노을 자락에
대륙 지킨 그대 파수꾼이여

아름다운 선녀등

— 꼬빠까바나 해변의 낙조

무지개를 걸었나
네온사인을 달았나
수평선에 지펴놓은
아름다운 선녀등

악동들이 구르다
태워버린 꼬까옷
선녀들이 노닐다
버려둔 꼬까신

샛별이 방범등 밝혀들고
잠들지 못한다
밤새 수려한 해안 지키며
뜬눈으로 지샌다

삼문화 광장에서

신들이 격렬히 놀다 간 자리
부서진 소꿉장난처럼
추억에 젖어 울고 있고

우렁차게 울리던 성당의 종소리
문 걸어 둔 채 잠을 자고
섬세한 손길로 다듬었던
십자가 녹슬어간다.

정적 감싼 넓은 광장
신들의 놀이터엔
치솟는 아파트에 눌려
숨죽여 바라만보고 있다.

세 갈래 세월의 뒤안길
광장 안에 함께 갇혀
숨소리마저 애닯구나

추억의 보카지구

고달픈 땀 냄새 코를 찌르고
서글픈 유혹이 서성대던 곳

고국 버린 이들 받아주고
아픈 기억 추스르며
등 봇짐 달랑 메고
인생을 건 보카지구

한잔 술에 쓰디쓴 이국 땅
아, 달디 단 내 고국이여
인생도 돌고, 돈도 도는 부둣가
돌고 돌리는 탱고춤

희망을 엮고 희망을 파는
추억의 보카지구
탱고춤에 울고 웃는
사랑의 보카지구

리오 라플라타 강에서

햇볕 고운 아침 한나절
넘실거리는 파도 태우고
나플라타 강물 위에
유유히 떠가는 유람선

산이스트로의 손짓에
눈길이 머물고
띠끄래의 손짓에
마음이 떠돈다.

유람선 속에 피어나는
사랑의 세레나데
고향 하늘 몰고 오는
정겨운 하모니카

최고보다 최선을
물질보다 정신을
풍요와 빈곤이 교차되는
라플라타강의 풍경이여

* 산이스트로 : 부유층들이 사는 고급 빌라촌으로 전원주택이 밀집한 대표적 낙원도시임.
* 띠그래 : 전원주택이 밀집되어 있는 전원도시임.

태양의 아들이여

세월의 강을 건너고
역사의 바다를 지나
나 여기 잉카에 왔노라

한 시대 황홀한 부활 꿈꾸던
인고의 세월 고스란히 펼쳐놓고
세계 중심을 풍자했던 쿠스코

태양신 하늘 신 별신 바람신
모두 모두 내려와
절묘한 역사의 화음 듣고 있는가

눈부시게 황홀했던
잉카문명 앞에
비창을 지나 환희의 찬가 부르노니

아픈 가슴마다
인고의 자락마다
부활의 영광이 꿈틀거린다.

* 잉카 : 태양신의 아들을 말함.

내가 사랑하고만 쿠스코

고국의 정취 물씬 풍기는
순수로 가득 찬 쿠스코
나를 사랑하기도 전에
너무나 짝사랑해버린 너

그 어디를 돌아봐도
고동치는 잉카문명
붉은 벽돌 기와집에
오롯이 머문 정취

숨쉬기조차 어려운 고원에서
살아내는 것마저 경외로운
태양신에 빛나던
화려한 태양제국

섬세한 손놀림에
정교한 석벽 기술
수많은 세월의 뒤안길에
더 빛나는 잉카문명

메스티조의 노래

거무스름한 눈매 뒤로
슬픈 눈물 감췄어라.
잔인한 침공의 역사
아는 듯 모르는 듯
긴 머리로 한 가리고
찢기운 가슴 삭히노라
모진 세월 삼켜가며
아로새긴 잉카문명
날 보란 듯 의연하다

영혼마저 울린 절규
시련 뒤에 더욱 곧고
한 서린 역사의 뒤안길
팬플루트 소리가 애닯구나
구슬픈 원주민의 절규
갈 길 먼 나그네 붙잡아놓고
태양신에게 보내는 애모
목메어 부른 메스티조의 노래여

* 메스티조 : 스페인의 잉카인(원주민)과 혼혈인

영원한 춤꾼

흰구름 좋아서
산바람 좋아서
푸른 잔디 위
한 마리 학이 되어

잉카인의 한과 설움
내가 어이 달래는가
나도 오늘만큼은
잉카인으로 살고 싶다.

덩실덩실 구름 되어
잉카제국의 요새 되어
스페인의 공격 없는
평화 춤꾼 어얼시구

무언으로 타오르는
원주민의 한풀이
쿠스코 돌며돌며
쉬임없는 살풀이여.

콘도르여 날개를 펄럭여라

뼈를 깎고 영혼 말려
찬란히 이룩한 잉카의 숨결
하루아침에
침략의 역사 앞에
무참히 무릎 꿇었노라.

죽어도 죽지 않은
영원 불멸의 불사조
화려한 문명 앞에서
콘도르의 날개여
힘차게 펄럭여라.

태양신 버리고
영문 모른 채 쓰러진
가엾은 원주민
아직도 자신의 뿌리 지키며
안데스 껴안고 살아가는
당당한 메스티조를 보라.

영원한 신들의 도시

우르밤바 강줄기 돌고 돌아
험난한 안개 걷어차고
구름바다 건너서
네게로 달려왔다.

아찔한 절벽 사이
보여줄 듯 말 듯
고깔 가리우며
바라춤을 추는 너

공중에서 스릴 넘치는
곡예사 마츄피츄
기암절벽 사이로 다리 걸치고
요염히 웃고 있구나

자욱한 운무 흩뿌린
선녀가 그린 산수화
감동으로 고동치는 심장소리
네 귀에 들리는지 마는지

잉카의 숨결
고스란히 보듬고
영원한 신의 도시로 남고 싶은
주인 잃은 공중도시 마츄피츄

잃어버린 공중도시 마츄피츄

하늘에 오를레라
구름에 오를레라
손오공 양탄자로
공중도시에 오를레라

자욱한 운무로 감싼
아름다운 골짜기에
땀 젖은 잉카의 숨결
고뇌로 물든 역사의 산수화

신비로운 세월 속
숨 막히는 가슴 떨림이여
침략의 역사 아랑곳없이
지금도 의연한 공중도시

하늘 가까운 철옹성에
잃어버린 왕궁 지어놓고
수수께끼로 휩싸인 산자락
세월 속에 더 빛난 마츄피츄

* 마츄피츄 : 잉카의 '늙은 봉우리"란 뜻도 있는데 산꼭대기에 지어 놓은 잉카의 잃어버린 공중도시.

우르밤바의 밤

꽃들의 노래 소리와
새들의 울음소리로
하루를 여닫는 곳

푸른 잔디 가슴 속까지
삶의 향수 뿌려주고

문만 열면 안데스산맥
웃으며 병풍을 친다.

식당에선 쿠이 요리
식욕을 돋우는데

알록달록 잉카인
애환 서린 원주민

애잔한 팬플루트 소리에
익어가는 우르밤바의 밤

* 우르밤바 : 페루의 옛 수도 쿠스코에 있는 지역 이름.

페루여

한 발자국 뗄 적마다
묻어나는 고고한 향기
수없는 문명이
명멸해 간 페루

경이로운 고고학의 보물창고
다시 만나고 싶은 님의 땅
잉카문명 여기 다 모여
그토록 나를 기다리다니

남미가 안고 있는
모든 아름다움
문명이라 이름하는 건
너에게 다 있구나.

잃어버린 공중도시
잉카의 전설이 서린 쿠스코
안데스산맥 돌고 온 한 줄기 바람
남태평양 낙조로 곱게 앉아 있구나.

리마 해변의 낙조

예고된 이별 앞에
말 한 마디 못하고
뒤돌아볼 겨를도 없이
허리 감아 돌며
사정없이 날 유인해 버린 리마

준비 없는 멀쑥한 내게
뜨거운 포옹도 없이
땅거미 핑계 삼아
홍조 띈 볼 위로
황홀한 입맞춤

잘 가란 인사도 없이
손도 흔들지 못하고
연인상 뒤로 숨어버린 너
너무나 빨린 다가온 이별
그리운 해변 남태평양

악마의 숨통

순하디 순한 양의 얼굴로
허리 감아 날 유혹하다가
결정적 순간 잽싸게 물릴
날카로운 이리의 이빨로
살며시 입을 내민 이과주

소스라칠 것 같은
격렬한 포말들의 연주에
귀멀고 눈멀었던 내 시공
멈춰버린 심장의 고동소리
옥빛이었다가,
에메랄드였다가
크리스탈이 되었다.

천의 얼굴을 가진 이과주
정체를 알 수 없는
악마의 숨구멍
솟구치며 만들어내는
물안개 보석공장
물보라로 만든 하이얀 면사포
천의 얼굴 뒤로 숨겨진
비너스이기를 거부한
너는 진정 악마의 숨통.

아사도

두툼 두툼 썬 설움
뜨거운 석쇠에 달구고
모닥불에 사알짝 익힌 그리움
이민의 한 태우려는가

이국땅에 뿌린 눈물
술잔 가득 채워놓고
한 순배 시름 잊고
함께 가는 세월아

짭짜름한 산소금에
이글거리는 아사도
혀끝에 살살 감도는
나의 살던 고향아

* 아사도 : 소갈비 부위를 뜨거운 불에 살짝 굽지 않고 은근한 불에 푹신 익혀 야채와 함께 먹는 소갈비구이 요리임.

삭사이와만에서

눈이 시리도록 푸른
침략의 언덕 위에
덩실덩실 춤사위 곱구나.
산꼭대기에 구름 올려놓듯
지그재그로 쌓은 삼층 석벽
면도날 하나 허용치 않은
불가사의한 석재 기술

쿠스코 강타한 대지진에도
눈 하나 깜짝하지 않았다.
독수리여 날개를 펄럭여라
배불리 먹은 매여
영원한 잉카의 요새여
역사 속에 더 반짝이는
천년 보석 삭사이와만

* 삭사이와만 : 배부르게 먹은 '매'라는 뜻이 깃든 잉카의 돌로 쌓은 요새이며 '펄럭이는 독수리의 날개'라는 뜻도 있음.

〈발문〉

비움과 채움, 그리고 긍정의 미학

— 김숙자 시집 『사람, 사랑 행복 방정식』 발문

문학평론가 **리 헌 석**
사단법인 문학사랑협의회 이사장

1.

김숙자 시인은 사람을 여러 번 놀라게 합니다. 시와 동시를 짓는다는 이야기를 듣고 난 그 다음해에 화려하게 등단을 합니다. 1991년에 『아동문학』 신인상과 『월간문학』 신인작품상을 함께 받습니다. 다시 1997년 대전일보 신춘문예에 동시가 당선되어 눈부시게 비상을 합니다.

김 시인은 어린이를 교육하는 생활 속에서 아름다운 서정을 담아내는 작품을 많이 빚습니다. 첫 동시집 『모시울에 부는 바람』은 충남 연기군 송곡리에 있는 '모시울' 지역의 초등학교 교사로 근무하며 창작한 작품들이 대부분입니다. 두 번째 동시집 『갯마을에서 띄우는 노래』는 충남 당진군 중산면 가곡리 바닷가의 학교에서 교사로 근무한 체험이 중심을 이룹니다. 이때의 체험을 바탕으로 쓴 동화를 모아 동화집 『예쁜이가 내다 본 세상』도 펴냅니다.

어린이를 사랑하는 마음이 열매를 맺어, 2000년 충남 서천군 소재 초등학교 교감으로 봉직합니다. 교감으로 근무하면서 첫 번째 펴낸 시집이 『비울수록 채워지는 향기』 입니다. 이 책의 서문에서 김 시인은 〈비워내는 일이 우리에게 다시 향기로 다가옴을 이 겨울 새롭게 음미〉한다면서 허정(虛靜)의 경지를 지향합니다. 이어 동시집 『달님마저 반해 버린 야생화』 를 발간합니다. 야생화를 통하여 빛나는 서정과 함께 오롯한 스승의 자세를 확인합니다.

2004년에는 초등학교 교장으로 승진하여 어린이 교육에 헌신합니다. 바쁜 사이에도 쉬지 않고 작품을 창작하여 몇 권의 시집을 발간합니다. 자신을 낮추는 것이 가장 중요하다는 깨달음으로 시집 『낮음, 그래서 더 고운 영혼』 을 발간합니다. 사랑하는 어머니의 영세명이 '마틸다'여서 그 지고지순한 사랑을 노래하는 『마틸다의 기도』 를 어머니의 미수 기념으로 발간합니다. 세계 7대 불가사의라고 불리는 잉카 문명을 여행하고 시문집 『달콤한 중남미 문명』 도 발간합니다.

이처럼 열정적으로 생활하던 시인이 2010년 2월 교육계에서 정년퇴임을 합니다. 여러 해 심혈을 기울이며 공부한 박사 공부, 그 논문을 완성하느라 1년을 바쁘게 보내고, 그 눈물겨운 결과로 2011년 2월 박사학위를 받습니다. 이후 학교에서 강의를 하기도 하고, 새로운 일들을 바쁘게 만들면서, 문학 창작의 열정 또한 새롭게 꽃이 핍니다. 그리하여 시집 『사람 사랑 행복 방정식』 을 발간합니다.

이 시집에 수록된 작품을 읽고 감상문을 작성하기로 합니다. 시인의 마음 언저리를 맴돌 수도 있지만, 공감의 메아리를 찾기 위해 소매를 걷어 붙입니다.

2.

김숙자 시인은 많은 것을 내려놓아야 하는 정년퇴임을 맞습니다. 작은 것도 버리거나 내려놓기 어려운 것이 인지상정(人之常情)입니다. 그러나 시인은 제도에 의하여 내려놓게 된 것뿐만 아니라, 자신의 마음에 남아 있는 잡다한 욕심까지 비우고자 합니다. 이것이 시인의 길이라고 믿는 것 같습니다.

시인은 시집의 서문에서 〈행복이란 허영에 찬 과분수를 '사랑 나눔'의 진분수로 바꾸고, 자신을 낮음으로 인수분해하여 무한대로 봉사할 때, 비로소 행복의 저울은 웃으며 작동을 허락합니다. 진정한 행복이란 내 자신을 결 고운 사랑의 체에 걸러 정성의 베보자기로 꼬옥 짜서 거를 때 진정한 의미의 향기로운 행복〉이라고 밝힙니다. 허영의 과분수를 사랑 나눔의 진분수로 바꾼다는 것이나, 자신을 낮추며 무한대로 봉사하는 것이 행복의 바탕이라고 합니다.

자신을 아낌없이 나누며 행복해 하는 표상으로, 김숙자 시인은 어머니를 꼽습니다. 어머니는 〈눈물 마른 고난의 가지 끝마다/ 눈부신 환희의 새싹 앉히신 당신〉이시기에, 〈꽃댕기 곱게 흘러내린 오월〉에 〈장밋빛 사랑〉을 조건 없이 바칩니다. 그리하여 어머니의 하늘은 평화가 되고, 어머니의 바다는 사랑이 되어 행복해진다고 말합니다.

당신은 그리움입니다.
눈물입니다.
포근함입니다.
오월의 하늘입니다.

지고지순하신 당신

이리도 눈부시게 아름다운 날은
그리움의 꽃물결이
무리 지어 몰려옵니다.

없는 길 만드시며
기나긴 고난의 강
의연히 건너온 당신

이렇게 눈부신 오월
초록빛 새 옷 입고
순결한 꽃과 향기로움으로 당신은
평화의 밤바다에
자애의 꽃수를 놓습니다.

—「어머니」 일부

〈구순의 세월〉을 사신 친정어머니는 다섯 남매를 기르시며 까만 숯덩이와 같은 가슴을 부둥켜안고 사랑을 베푼 분입니다. 그래서 시인은 〈당신의 품속에선/ 밤새 달디단 꽃별이/ 함께 숨〉을 쉰다고 노래합니다. 「아후골 연가」에서는 시어머니의 일상을 노래합니다. 〈흐릿한 전등불 아래서/ 당신은 머릿결보다 더 곱게/ 세모시〉를 쪼개며 날밤을 새우신 분입니다. 「분꽃 피우는 마음」에서도 시어머니에 대한 그리움이 절실합니다. 그 어머니는 〈분꽃 피어나는 모습으로/ 때를 맞추셨던 어머니〉이며, 〈해마다 그리움으로/ 앞마당에/ 분꽃〉을 피우시는 모습으로 시인의 가슴에 새겨져 있습니다.

어머니와 함께 추억의 강가를 서성이시는 그림자는 아버지입니다. 〈넓은 강 끌어안으며/ 투망 던져 풍류를 낚으시던/ 아버지 목소리〉가 귓전에 머물 정도로 그립습니다. 그 서정의 공간은 고향입니다. 그 공간은 〈눈 감으면 사르르/ 칠보빛으로 다가와/ 연연한 내 가슴 저미는/ 수채화〉처럼 아름다운 곳입니다. 〈겨울이면 눈 덮인 청계동/ 살얼음에 투망 던져/ 풍류를 낚으시던/ 아버지 목소리/ 언 강변을 타고 돌아/ 금곡교 스치는/ 바람소리〉가 되어 추억의 현재화를 이룹니다.

어머니와 아버지를 그리면서 시인은 스스로 죄인을 자처합니다. 〈아버지,/ 오늘은 원망 대신 눈물로 사죄〉하러 왔다고 통회(痛悔)합니다. 그 동안 〈까맣게 타버렸을 당신 가슴/ 이제 다신 원망의 화살 쏘지 않을게요./ 아버지 미안해요. 사랑해요. 그리고 감사해요.〉라고 약속합니다. 「눈물로 올리는 사죄」는 정년퇴임한 뒤, 늦깎이로 박사학위를 받고 아버지의 묘소를 찾아간 시인의 고백입니다. 성장할 때거나, 결혼을 할 때이거나, 혹은 그 뒤 생활 속에서, 자녀들은 항용 부모님께 감사하면서도 때로는 서운한 것이 있을 수 있습니다. 그랬던 내면을 반성하는 글입니다.

그러나 시인은 자녀를 걱정하는 어머니의 모습으로 사랑을 계승합니다. 때로는 결혼을 하는 딸에게, 때로는 군에 입대한 아들에게, 그리고 며느리에게 하고 싶은 말을 시로 빚어냅니다.

① 보석으로 반짝이려함보다
따스한 가슴이 더 빛나는 너
두 눈 다 감기도록 웃음 던져주고
희망으로 벙글 내 딸아
받은 사랑 곱절 곱하고 나누어
세상에 사랑 향기 뿌리거라.
—「딸에게 띄우는 사랑 노래」 일부

② 흩뿌리는 눈발아.

내 눈물만큼의 크기로
이 강을 다 적셔도
그리움의 강물은
부풀고 또 부푼다.
—「그 겨울 소양강 스케치」 일부

③ 너는 사랑의 돛배이다.
혼자선 힘겨운 생의 바다 위를
꿈 타래 청사초롱 앞세우고
작은 소망의 돛을 펄럭이며
떨림 반 설렘 반
희망의 고동소리와 함께 왔구나.
—「새 애기(사랑하는 우리 남희)」 일부

①은 결혼하는 딸에게 간절하게 당부하는 마음이 드러납니다. 그 딸은 눈에 넣어도 아프지 않고, 가진 것 다 주어도 아깝지 않은 딸입니다. 그런 딸이 남편의 손을 잡고 식장으로 들어섭니다. 그때 어머니로서 느끼고 생각한 것을 시로 빚습니다. 그리하여 누구보다 행복하게 살기를 당부하는 모성(母性)이 오롯하게 들어 있습니다.

②는 군 복무를 하는 아들의 면회를 갔다가 돌아서는 심회(心懷)를 그린 작품입니다. 아들을 면회하고 돌아서서 〈꿈결처럼 아스라이/ 그리움만 남기고/ 못 잊어 되돌아보는/ 쪽빛 소양강〉 풍경을 그립니다. 보고 있어도 그리울 만큼 사랑하는 아들이기에 눈물이 샘솟습니다. 〈통통통 일렁이는 파도/ 우는 속마음 들킨 걸까/ 조심조심 잠재워둔/ 그리움〉으로 아들을 생각합니다. 그러나 그 아들은 〈고즈넉한 태백 등줄기 울린/ 우렁찬 '충성!' 소리〉로 어머니를 안심시킵니다. 그래서 〈꽃 피는 봄 소양강〉에 다시 오기를 기다립니다. 이것이 바로 분

단된 나라 대한민국에서 아들을 양육하는 어머니의 마음입니다.

③은 아들과 결혼한 며느리를 환영하는 작품입니다. '사랑의 돛배'로 비유한 시인은 둘째 연에서 〈너는 사랑초다〉라고 노래합니다. 〈둘이서 함께 보듬고 건너온/ 세월의 강/ 수많은 인내와 눈물이 엉킨/ 무지갯빛 사랑의 켜켜 위〉에 박혀 있는 눈부신 진주라고 환영합니다. 셋째 연에서는 며느리를 〈너는 참나리다〉라고 노래합니다. 〈줄기찬 사랑의 세레나데〉를 부르라고 당부합니다.

부모님과 자녀에 대한 사랑은 그 자체로도 천금의 값이 있습니다. 그렇지만, 남을 위한 봉사는 비할 데 없는 보람이고 행복입니다. 가족에 대한 사랑, 제자들에 대한 사랑, 이웃에 대한 사랑을 노래하던 시인이 '알지 못하는 사람'을 향하여, 마음의 문을 열고, 아가페적 사랑을 소중하게 가꿉니다.

아홉 개를 앞에 놓고도
열을 채우려는 우리들
온전한 하나가 아니어도
없는 하나마저 내주려는
아름다운 정신이 사는 곳,
없음이 부끄러운 것이 아니라
가진 것이 부끄럽고
행하지 못함이 부끄러운 곳,
내가 가짐보다
모자란 곳을 채워주며
더 낮은 자를 배려하는 곳,
서지도 앉지도 못하고
혼자서는
아무것도 하지 못하는 배상 시인,

그래도 말로 사랑을 전하고
감사함을 시로 노래하며
'나는 행복합니다'를 온몸으로 말하는
시인의 맑은 영혼 앞에서,
빛과 소금으로 사는 법이
무엇인지를 알았습니다.

—「빛과 소금(꽃동네를 다녀와서)」 전문

한센병을 치유하면서 삶에 지친 사람들이 모여 사는 곳, 충청북도 음성군 '꽃동네'에서 봉사하며, 시인은 타인을 사랑하는 법을 익힙니다. 그 곳을 찾은 것만으로도 귀한 발심(發心)입니다. 그 곳에서 봉사를 하는 것만으로도 눈물겨운 사랑입니다. 이와 같이 귀한 가르침을 스스로 깨우치고, 앞으로 어떻게 살아갈 것인가를 다짐하는 시인의 모습이 참으로 아름답습니다.

이러한 내면을 형성하는 바탕은 가톨릭 신앙에 말미암은 것 같습니다. 신앙의 길을 묵묵히 걸으며, 〈주신 영혼 되돌려/ 당신께로 가는 길/ 고난의 세월〉에도 감사하며 살고 있다고 작품 「그리스도의 길」에서 고백합니다. 「산크리스티발 언덕 성모마리아상」을 보면서 〈거친 세상 향해 두 팔 내밀고/ 사랑의 업보 끌어안는/ 천상의 모후〉라고 경외(敬畏)합니다. 「오 나의 성모님」에서 〈성스런 손 내밀어 곳곳에서/ 날 껴안아주신 당신/ 눈물로 당신께〉 다가가는 마음으로 신앙고백을 합니다.

가족을 사랑하며, 제자들을 사랑하며, 이웃을 사랑하며 평생을 바르게 살아왔지만, 시인은 신앙의 힘으로 더욱 아름다운 삶이기를 소망합니다. 그리하여 〈한 섞인 노래 대신/ 영혼을 울릴 행복한 시로/ 이제 피리를 불게 해줘요.〉라고 기도하는 시인입니다.

3.

이렇듯이 김숙자 시인은 〈영혼을 울릴 행복한 시〉 창작에 대한 열망(熱望)을 가꿉니다. 이로 인하여 시를 창작하는 자신의 자세 역시 엄중하고자 합니다. 〈하늘에 해가 솟지 않아도/ 시인의 방은 열려 있어야 한다./ 하늘에 별이 돋지 않아도/ 시인의 방은 생각의 창이 닫혀서는 안 된다.〉면서 자신에게 주문합니다. 이와 함께 〈밤새 생각의 뜨락을 갈아엎으며/ 새로운 영혼의 통로를 개간해야 한다.〉고 다짐합니다.

이러한 주장과 다짐은 세상을 향한 것이기도 하지만, 스스로에게 거는 주문(呪文)의 성격이기도 합니다. 자신이 혹여 문학창작에 나태해질 수도 있겠다는 각성이 바탕인 것 같습니다. 그리하여 쉬지 않고 창작에 전념하자고, 자신에게 거는 최면으로도 보입니다. 자신을 추스르며 문학의 아름다운 영역을 지키고자 하는 옹골찬 기상이 들어 있습니다.

시인은 제 뼈를 깎아서라도
시련의 강을 올곧게 건너며
희망의 노를 힘차게 젓는
진실한 사공이어야 한다.

영혼이 식어버린 시인은 죽은 시인이다.
결코 생각의 불이 꺼져서는 안 된다.
사유의 바다에서 표류하지 않도록
따뜻한 영혼의 등대가 되어야 한다.

—「시인의 방」 일부

이와 같은 강렬한 주장의 이면에는 세상의 잡다한 일들에서 해방되고자 하는 의미가 담겨 있습니다. 「비움으로 채워지는 향기」에서 〈일상의 무게를 가늠하며 산다는 건/ 아직도 욕심이 존재하고 있음〉이라고 말합니다. 이를 바탕으로 욕심의 〈작은 분자를 하나씩 덜어내는 일〉을 지향합니다. 그리하여 〈비우는 일은 곧 채우는 작업〉임을 밝히며 〈비워지는 그 자리마다/ 행복의 향기가 들어앉는다.〉고 환기 시킵니다.

시인은 앞으로도 비워내야 할 것들을 비워내는데 노력할 것이고, 그렇게 비운 자리에 사상과 정서가 조화로운 문학 작품으로 채울 것입니다. 이것이 시인으로서의 의무요 권리임을 누구보다 잘 알고 있기 때문입니다. 그리하여 숱한 세월이 흘러도 무너지지 않는 문학의 성채를 굳건하게 지키며, 정갈한 노래를 쉬지 않으리라 확신합니다.

사람, 사랑 행복방정식

김숙자 시집. 2012

발 행 일 | 2012년 10월 5일
지 은 이 | 김숙자
발 행 인 | 李憲錫
발 행 처 | 오늘의문학사
출판등록 | 제55호(1993년 6월 23일)
주 　 소 | 대전광역시 동구 삼성1동 125-6 한밭오피스텔 401호
전화번호 | (042)624-2980
팩시밀리 | (042)628-2983
홈페이지 | http://www.lito77.co.kr(홈페이지)
전자우편 | hs2980@hanmail.net

공 급 처 | 한국출판협동조합
주문전화 | (070)7119-1741~2
팩시밀리 | (031)944-8234~6

ISBN 978-89-5669-518-1 03810

값 10,000원